L'édito d'ÉRIC FOTTORINO

BOUCLER un numéro de *Zadig* ressemble parfois aux longs préparatifs d'une expédition, à la mise à l'eau d'un gros bateau dont on doit s'assurer jusqu'au bout qu'il est bien lesté et caréné de la coque au pont pour accomplir une nouvelle traversée trimestrielle propice aux surprises, aux belles rencontres et aux joies de la découverte. Avec ce huitième volume qui marque aussi la deuxième année d'existence de notre publication, nous avions décidé de longue date de vous proposer un tour... de notre assiette. Tant il est vrai que les contraintes domestiques liées à la pandémie – depuis le premier confinement du printemps – nous avaient par la force des choses ramenés à des priorités vitales de base : comment mieux manger ? Quel réconfort trouver dans les plats que nous mijotons ? Comment faire en sorte que ce que nous achetons – de plus en plus localement –, cultivons parfois, et, finalement, préparons, cuisinons et cuisons nous apporte les bienfaits d'un médicament. En même temps qu'un lien ancestral avec ce qui nous définit intimement. Des terroirs, des goûts, des produits familiers qui composent autant que La Fontaine ou les Lumières notre identité profonde.

Ce choix du ventre, où ne se joue pas, tant s'en faut, que la nécessité prosaïque de se nourrir, nous a paru plus opportun encore après les drames et incertitudes qui ont marqué ce début d'automne. La recrudescence de l'épidémie dans une deuxième vague menaçante. Et l'attentat terroriste de Conflans-Sainte-Honorine, qui nous a conduits à inscrire *in extremis* le nom du professeur Samuel Paty dans notre chronologie des faits marquants.

Alors oui, parler de nourritures terrestres quand les nourritures spirituelles ont quelque chose de pourri, le détour nous a paru revigorant. Nécessaire même. Comme l'assurance, ou la réassurance, que ce que nous mangeons nous fortifie, nous équilibre, nous rend humains, par le souci de l'autre pour qui on prépare un repas, et avec qui on le partage. « Nous avons besoin, à intervalles réguliers, de nous assurer, collectivement, que le monde nous nourrira, que nous pouvons l'incorporer jusqu'au plus intime de nous-même », affirme dans un entretien le chercheur en géographie culturelle Gilles Fumey. Qu'il obéisse à des recettes minimalistes ou traditionnelles, l'acte de se nourrir est tout sauf anodin. Surtout dans cette période où tous nos points de repère sont si violemment bousculés.

Ses points de repère, justement, *Zadig* y tient ! Aussi retrouverez-vous nos rendez-vous phares : du grand entretien – cette fois avec l'ancienne garde des Sceaux Christiane Taubira – à l'immersion du reporter Arthur Frayer-Laleix – ici au cœur d'un jeune vignoble beauceron. Du fait divers – où l'on reparle de la communauté tchétchène de Dijon sous la plume éclairée d'Anne Nivat – aux échappées littéraires offertes dans ce numéro par Carole Martinez, Cécile Coulon et François Taillandier. Cap vers Clermont-Ferrand, le Puy-de-Dôme, la Corrèze et la Drôme, sans oublier une petite départementale qui conduit à la mer... Allez, assez parlé, en route !

L'ŒIL de CATHERINE MEURISSE

SOMMAIRE

Illustration de Martin Jarrie

MIEUX MANGER

Dessin en page précédente :
CATHERINE MEURISSE est illustratrice, dessinatrice de presse et autrice. Diplômée de lettres modernes, d'Estienne et des Arts décoratifs, elle entre en 2005 à *Charlie Hebdo*, puis collabore à *L'Obs*, *Libération*, *Marianne* ou *XXI*. Après l'attentat de 2015, elle publie chez Dargaud *La Légèreté*, et, en 2018, *Les Grands Espaces*. En 2020, elle est élue à l'Académie des beaux-arts. *Mes hommes de lettres* et *Le Pont des arts* ont été récemment réédités en coffret chez Sarbacane Éditions. Une exposition consacrée à son œuvre se tient jusqu'au 25 janvier 2021 à la BPI, à Paris.

Dessins de couverture et d'ouverture du dossier :
MARTIN JARRIE est peintre et illustrateur. Après un passage par le dessin documentaire, il s'essaye à une expression plus libre, influencée par le surréalisme, les primitifs italiens, l'art brut et l'art contemporain. Il travaille pour la presse, l'édition et la publicité, en France et, depuis 1996, aux États-Unis. Il a récemment publié *Imagier du vivant*, au Seuil jeunesse.

CHRONOLOGIE

TROIS MOIS EN FRANCE

Texte CLARA WRIGHT
Illustration SIMON BAILLY

15 JUIL. Le Premier ministre Jean Castex présente un plan de relance de 100 milliards d'euros sur deux ans, dont 40 pour « reconstruire l'industrie » et 30 pour assurer la transition écologique.

18 JUIL. Un incendie volontaire ravage l'orgue de la cathédrale de Nantes.

20 JUIL. Covid-19 : le masque devient obligatoire dans les lieux publics clos.

21 JUIL. Covid-19 : la crise pousse l'UE à monter un plan de relance collectif. Pour la première fois, un emprunt commun sera contracté, et les fonds répartis. La France doit recevoir 40 milliards.

24 JUIL. Covid-19 : en Vendée, le Puy du Fou rassemble 12 000 spectateurs, dépassant largement la jauge autorisée.

28 JUIL. Décès de l'avocate féministe Gisèle Halimi, à 93 ans.

29 JUIL. Les députés votent l'ouverture de la PMA aux couples de lesbiennes et aux femmes célibataires.

4 AOÛT. France Ô, la chaîne de télévision publique spécialisée sur les outremer, rend l'antenne.

9 AOÛT. Succession de huit jours caniculaires, avec un pic à 39,1 °C.

17 AOÛT. Selon un rapport, 146 femmes ont été tuées par leur conjoint ou leur ex-conjoint en 2019 (en hausse de 21 %).

19 AOÛT. Toulouse est la première grande ville à imposer le masque dans toutes ses rues.

24 AOÛT. Après huit ans de bataille judiciaire, Facebook France accepte un redressement fiscal de 106 millions d'euros pour la période 2009-2018.

1ER SEPT. Covid-19 : Port du masque obligatoire en entreprise, comme dans les lycées et collèges. La rentrée scolaire s'organise avec un protocole sanitaire allégé par rapport à celui du déconfinement, mais une vingtaine d'établissements fermeront dès les premiers jours, après la détection de cas.
• Fumer un joint sur la voie publique devient passible d'une amende de 200 euros.

2 SEPT. Ouverture du procès des attentats de janvier 2015 à Paris. Fait rare : les audiences sont filmées pour les Archives nationales.

9 SEPT. Auchan annonce supprimer 1 475 emplois.

14 SEPT. #BalanceTonBahut : des élèves revêtent mini-jupe et *crop top* (un haut court) pour dénoncer la sexualisation de leur corps et des restrictions vestimentaires plus strictes à leur égard.

16 SEPT. Le fabricant de pneus japonais Bridgestone annonce la fermeture de son usine de 863 salariés à Béthune (Pas-de-Calais).

17 SEPT. Mise en place d'un nouveau « schéma national du maintien de l'ordre », qui exige l'identification des journalistes lors des manifestations.

23 SEPT. Décès de la chanteuse Juliette Gréco, à 93 ans, et du chef étoilé Pierre Troisgros, à 92 ans. • Le président déclare l'allongement du congé paternité à vingt-huit jours. • Covid-19 : la Guadeloupe, Aix-en-Provence et Marseille sont placés « en alerte maximale », bars et restaurants ferment.

25 SEPT. Un Pakistanais attaque deux personnes au hachoir, les blessant grièvement, près des anciens locaux de *Charlie Hebdo* qu'il souhaitait incendier.

26 SEPT. Mise en place de bracelets électroniques pour géolocaliser les coupables de violences conjugales et les tenir éloignés de leurs victimes.

1ER OCT. Les personnes aidant des proches malades tout en travaillant par ailleurs peuvent bénéficier de trois mois de congés indemnisés durant leur carrière. • Enchères pour la 5G : parmi les opérateurs téléphoniques, Orange remporte la plus grande part de fréquences.

2 OCT. La tempête Alex provoque des crues exceptionnelles dans les Alpes-Maritimes, notamment dans vallée de la Roya, tuant au moins cinq personnes et dévastant des villages. • Emmanuel Macron présente un projet de loi pour lutter contre le « séparatisme islamiste », et veut notamment restreindre l'école à domicile.

4 OCT. Référendum : la Nouvelle-Calédonie dit « non » à 53,3 % à l'indépendance. Le « oui » a toutefois progressé par rapport à un précédent vote.

6 OCT. Malgré leur effet néfaste sur les abeilles, les néonicotinoïdes sont temporairement réintroduits par le Parlement dans la culture de la betterave sucrière.

7 OCT. Funérailles de Victorine Dartois, étudiante dont la découverte du corps dans un ruisseau, en Isère, a suscité une vive émotion dans le pays.

8 OCT. Libération de Sophie Pétronin, une humanitaire de 75 ans kidnappée par des djihadistes au Mali en 2016.

16 OCT. Samuel Paty, un professeur d'histoire, qui avait montré des caricatures de Mahomet à ses élèves, est retrouvé décapité à Conflans-Sainte-Honorine (Yvelines), près du collège où il enseignait. L'assaillant, un Russe d'origine tchétchène âgé de 18 ans, est abattu par la police. Emmanuel Macron dénonce « un attentat islamiste caractérisé ».

17 OCT. Covid-19 : entrée en vigueur d'un couvre-feu de 21 heures à 6 heures dans les zones et villes en alerte maximale : l'Île-de-France, Lille, Grenoble, Lyon, Aix-Marseille, Montpellier, Rouen, Toulouse et Saint-Étienne. Une attestation dérogatoire est exigée en cas de déplacement.

Y'A DE LA JOIE
la chronique de LEÏLA SLIMANI
Illustrée par IRIS HATZFELD

LES RISQUES DU MÉTIER

UN SOIR DE SEPTEMBRE, alors qu'il donnait une conférence sur son dernier roman, l'écrivain Albert Brossard reçut une pierre en plein visage. Au moment où la pierre s'envolait dans les airs, le romancier achevait le récit d'une anecdote mille fois racontée déjà, et dont il maîtrisait l'effet. Il y était question de Tolstoï et de son surnom de « gros dégoûtant ». L'assistance avait ri, un petit rire froid, qui avait déçu Albert Brossard. Il s'était alors penché vers le verre d'eau posé sur la table et c'est sur son profil gauche que vint frapper la pierre. La journaliste qui l'interviewait poussa un cri qui fut bientôt suivi des hurlements apeurés du public. Dans un mouvement de panique, la salle se vida. Broussard gisait seul sur la scène, inconscient, le front ouvert.

Quand il retrouva ses esprits, Albert Brossard était étendu sur un lit d'hôpital, la moitié du visage bandé. Il n'avait mal nulle part. Il flottait et il aurait voulu que cette sensation de légèreté ne prenne jamais fin. Romancier à succès, sa réputation littéraire était inversement proportionnelle à ses chiffres de vente. Ignoré par la presse, il était méprisé par ses pairs qui ricanaient à l'idée que Brossard se dise écrivain. Il avait pourtant derrière lui une œuvre abondante qui faisait la joie d'un public essentiellement féminin. Dans ses livres, Brossard ne s'occupait ni de religion ni de politique. Il n'avait d'avis tranché sur rien. Il n'abordait pas la question du genre ni celle de la race et il se tenait à distance des polémiques du moment. Qu'on puisse s'en prendre à lui avait de quoi surprendre.

Un officier de police l'interrogea. Il voulut savoir si Brossard avait des ennemis. Avait-il contracté des dettes ? Entretenait-il une relation avec la femme d'un autre ? Les femmes, justement. En fréquentait-il ? Et de quelle sorte ? Une femme jalouse ou éconduite aurait-elle pu se glisser dans le public ? À toutes ces questions, Albert Brossard répondit en remuant la tête. Il menait une vie tranquille, sans histoires. Il n'avait jamais été marié et passait l'essentiel de son temps à sa table de travail. Il dînait parfois avec des amis de trente ans et le dimanche, il déjeunait chez sa mère. « Rien de palpitant », conclut-il. L'inspecteur ferma son carnet et sortit.

Brossard faisait désormais les gros titres de la presse. Tous les journalistes du pays se disputaient pour obtenir de lui une interview exclusive. Brossard était un héros. Pour les uns, il était la victime d'un militant d'extrême droite, pour d'autres, il avait essuyé les foudres des islamistes. Certains pensèrent qu'un célibataire aigri s'était glissé dans la salle, désireux de se venger d'un homme qui avait construit sa notoriété sur le mythe de l'amour. Anton Ramowich, célèbre critique littéraire, publia un article de cinq pages sur le travail de Brossard qu'il avait jusque-là dédaigné. Ramowich crut découvrir, entre les lignes des romans à l'eau de rose, une critique acerbe de la société de consommation et une analyse pointue des clivages sociaux. « Brossard dérange », concluait-il.

À sa sortie de l'hôpital, Brossard fut convoqué à l'Élysée, où le président de la République le traita en héros de guerre : « La France vous remercie, lui dit-il. La France est fière de vous. » Un officier de sécurité chargé de sa protection arriva un matin, visita l'appartement de Brossard et décida de faire coller du papier opaque sur les vitres et de changer la place de l'interphone. C'était un homme trapu, au crâne rasé et luisant, qui raconta au romancier qu'il avait protégé pendant deux mois un pamphlétaire néonazi qui le traitait comme son domestique et l'envoyait chercher son linge au pressing.

Dans les semaines qui suivirent, Brossard fut invité sur des

Dans ses livres, Brossard ne s'occupait ni de religion ni de politique. Il n'avait d'avis tranché sur rien

dizaines de plateaux de télévision où les maquilleuses prenaient soin de mettre en valeur la balafre qui le défigurait. À ceux qui lui demandaient s'il voyait dans son agression une attaque contre la liberté d'expression, il répondait avec une mollesse que l'on prit pour de la modestie. Pour la première fois de son existence, Albert Brossard se sentait aimé de tous ; mieux, il était respecté. Quand il entrait dans une pièce, avec son œil poché, son visage de soldat touché par un éclat d'obus, un silence se faisait autour de lui. Son éditeur lui mettait la main sur l'épaule, fier comme un éleveur qui fait parader sa bête.

Au bout de quelques mois, la police classa l'affaire sans avoir pu identifier le coupable. Sur les réseaux sociaux, on se passionna pour ce criminel anonyme. Un journaliste anarchiste, qui devait sa réputation à la divulgation de sex-tapes d'hommes politiques, érigea l'agresseur au rang d'icône des invisibles et des oubliés. Le lanceur de pierre annonçait une révolution. Il avait osé attaquer Brossard et à travers lui l'argent facile, le succès, les médias aux ordres et les hommes blancs de plus de cinquante ans.

L'étoile du romancier pâlit. On cessa de l'inviter à la télévision. Son éditeur lui conseilla de se faire discret et remit à plus tard la parution de son nouveau roman. Brossard reprit sa vie tranquille et solitaire. Un dimanche, alors qu'il venait de déjeuner chez sa mère, il décida de rentrer chez lui à pied. Sur le chemin, il pensa au livre qu'il voudrait écrire et qui résoudrait tout. Un livre qui mettrait des mots sur la confusion de l'époque, qui dirait qui était le vrai Brossard. Il pensait à cela quand une pierre le frappa. Il ne vit pas d'où venaient les coups, il n'eut pas le temps de mettre ses mains devant son visage, et il s'écroula, en pleine rue, sous une pluie de cailloux. ♦

LEÏLA SLIMANI quitte le Maroc pour la France à l'âge de 18 ans. Diplômée de Sciences Po, elle devient journaliste à *Jeune Afrique*. Son premier roman, *Dans le jardin de l'ogre*, a paru chez Gallimard en 2014. Le suivant, *Chanson douce* (id.), a obtenu le prix Goncourt en 2016. Elle a depuis publié plusieurs livres, dont *Le Pays des autres* (Gallimard, 2020) et *À mains nues* (Les Arènes, 2020).

PROPOS RECUEILLIS PAR
ÉRIC FOTTORINO & FRANÇOIS VEY

ILLUSTRATIONS
SERGE BLOCH

PHOTOGRAPHIES
MANUEL BRAUN

CONVERSATION
AVEC

CHRISTIANE TAUBIRA

En paix avec elle-même, retirée de la vie politique après avoir été la garde des Sceaux qui a fait voter le mariage pour tous, cette militante infatigable revient sur son enfance dans une famille modeste et sur cette France qui la faisait rêver, mais incarnait l'autorité. Combative et convaincue, elle continue d'être attachée aux idées indépendantistes et ne regrette pas de s'être présentée à la présidentielle de 2002.

CHRISTIANE TAUBIRA a été garde des Sceaux de 2012 à 2016. Née à Cayenne, elle a débuté sa carrière politique comme militante indépendantiste, avant d'être députée de la première circonscription de la Guyane de 1993 à 2012, puis de participer aux gouvernements successifs de Jean-Marc Ayrault et de Manuel Valls. Elle a lié son nom à la loi de 2002 tendant à la reconnaissance de la traite et de l'esclavage en tant que crime contre l'humanité, ainsi qu'à la loi de 2013 ouvrant le mariage aux couples de personnes de même sexe, mais s'est aussi illustrée par sa plume. Elle a récemment publié son premier roman, *Gran Balan*, chez Plon.

« La France, c'était un territoire situé dans la stratosphère. Je la voyais en miniature dans une boule à neige. C'était féérique »

ZADIG *Dans votre enfance, comment voyez-vous la France ?*

C.T. La France, ce sont des hauteurs. Dans nos jeux d'enfance, on grimpe aux arbres comme si on montait sur la tour Eiffel. Je me souviens de cette vision puérile, rêveuse et même fantasmée. Après, à l'école, ce sont les départements et leurs chefs-lieux qu'il faut connaître par cœur, sans les confondre, alors que les châtiments corporels existent encore ! Cette épreuve m'a longtemps dégoûtée de la géographie, une discipline pourtant féconde, instructive et mystérieuse.
Et puis, je découvre ce bateau qui quitte la Guyane pour Le Havre. Je ne l'ai jamais pris, mais ma grande sœur si, avec son père, qui n'était pas le mien, un notable. Il l'a emmenée en voyage. On l'a accompagnée au port pour lui dire au revoir. La France de mon enfance, c'est loin, c'est beau. Quand je plonge dans mes lectures et que je découvre *Les Misérables*, je ne peux pas associer cette histoire à la France. Car celle-ci est un territoire situé dans la stratosphère. La pauvreté ne peut pas y exister, et Paris ne peut pas être une ville insalubre. Je vois la France en miniature dans une boule à neige. C'est féérique.

ZADIG *Êtes-vous sensible à la distance qui vous sépare de ce qu'on appelle alors la « métropole » ?*

C.T. Non, car notre éducation et notre environnement sont alors très aliénants. Pour avoir conscience de la distance, il faudrait avoir conscience du lieu de départ. Or, ce point d'enracinement ne nous a pas été transmis. Là où nous vivons est une nébuleuse en apesanteur. Et la France est inaccessible, indéfinissable. L'Amazonie non plus n'est pas présente, sauf physiquement. On ne nous donne pas les éléments de savoir. J'ai dû apprendre à connaître le Massif central, les Alpes et les Pyrénées. Mais je n'ai pas appris les monts Tumuc-Humac, la montagne Gabrielle, les communes de l'hinterland : Saul, Kaw ; je n'ai pas d'éléments de comparaison. J'ai appris où était la Seine, mais on ne m'a pas montré le Mahury ni la rivière de Cayenne. Ce sont des choses abstraites. Je me souviens avoir acheté avec mon argent de poche une série de diapos à la boutique des prêtres de l'évêché. J'en achetais une ou deux quand je pouvais le dimanche. L'une d'elles m'avait éblouie : les gorges du Verdon. La France, c'était ces paysages somptueux et intrigants.

ZADIG *À cette époque, à la fin des années 1950, avez-vous pris conscience des différences de couleur de peau ?*

C.T. Ce n'est pas une prise de conscience. C'est une présence. On sait que les fonctionnaires qui servent en Guyane sont tous blancs et qu'ils viennent de France. Ce n'est pas un sujet. On rit de la façon dont les gendarmes mettent des chaussettes avec leurs sandalettes alors que nous, on en porte seulement avec les mocassins. On voit que tous les métiers d'autorité sont exercés par des personnes blanches. La France, c'est l'autorité : c'est celui qui émet les règles, celui qui punit.

ZADIG *Vous êtes née à Cayenne. Le bagne est-il alors très prégnant ?*

C.T. Il y a une présence dont personne ne parle, celle de l'esclavage et de la traite, qui a duré bien plus longtemps que le bagne[1] et qui a été plus massive. Et pourtant on parle plus facilement du bagne.
L'individualité des bagnards se perçoit, en particulier, à travers ceux qui, une fois libérés, sont obligés de « purger » autant d'années dans la colonie qu'ils en ont passées au bagne[2]. Au pénitencier, ils étaient pris en charge, mais, comme l'écrit Albert Londres en 1923 dans son livre *Au bagne*, ces hommes sont à présent désespérés car ils n'ont plus ni vivre ni couvert et doivent trouver les moyens de vivre ; ils sont souvent employés par des familles guyanaises. Je me souviens d'un homme âgé qui avait un bar, M. Vaudé. On savait qu'il avait été bagnard. Ayant un bien économique, il faisait presque partie des notables. Nous le respections en tant qu'adulte, sans lui accorder d'estime particulière, car on savait que les bagnards étaient pour la plupart des criminels. Mais on savait aussi qu'au bagne, il y avait eu des erreurs judiciaires comme Dreyfus, Seznec[3], ainsi que des anticolonialistes d'Indochine et d'Algérie. Par ailleurs, hors du bagne mais condamnés, il y avait eu des prêtres réfractaires et des révolutionnaires. Je n'ai aucun souvenir de mépris à l'égard des anciens bagnards. Ils étaient dans la société, on les aidait en leur donnant des jobs de jardinier, de soutien scolaire aux enfants, ou en leur faisant l'aumône. Cela rendait ambiguë la question de la couleur.

ZADIG *Vous souvenez-vous de votre enfance à Cayenne, des rues, de votre maison ?*

C.T. Oui. On jouait dans les caniveaux qui débordaient lors des belles pluies équatoriales. On y faisait voguer des petits bateaux de bois. On circulait tout le temps à pied en ville, pour aller à l'école, à la messe, chez les scouts ou chez les Âmes vaillantes[4], sur la place des palmistes, au marché aux légumes ou aux poissons. Je connaissais les rues où vivaient les vieilles dames qui pouvaient cafter à ma maman si j'étais passée ici ou là à une heure

1. Actif officiellement de 1852 à 1953.

2. On distingue trois types de bagnards : dès la Révolution, les « déportés », condamnés politiques ; après 1852, les « transportés », criminels dont la peine de travaux forcés se doublait, à la sortie, d'une assignation dans la colonie de durée égale (voire à vie, dès huit ans de peine) ; et, après 1885, les « relégués », petits criminels ou délinquants récidivistes, envoyés à leur sortie de prison dans la colonie pour des travaux forcés à vie.

3. Dreyfus y séjourna de 1895 à 1899, et Seznec, dont la culpabilité pour meurtre en 1923 fait toujours débat, vit sa peine réduite en 1946.

4. Branche féminine de Cœurs vaillants, mouvement de jeunesse catholique.

où j'aurais dû être au catéchisme, par exemple. Dans ma petite enfance, ma mère louait une maison en bois rue du Lieutenant-Becker, qui avait une autre sortie rue Trois-Cases[5] – la cour était en profondeur, et reliait une rue à l'autre. Nous avions des arbres fruitiers, manguier, goyavier, cerisier, prunier de Cythère et des yanmans, broussaille où nous, les enfants, jouions à cache-cache. Il y avait du moukou moukou, du radié crapaud, de la salade soldat, et évidemment un pimentier – toute cour créole qui se respecte a un pimentier ! Puis maman a acheté un terrain en ville et fait construire une maison. C'était incroyablement audacieux au début des années 1960, car c'était une femme seule avec plusieurs enfants et un salaire d'aide-soignante.

ZADIG *À 19 ans, vous arrivez à Paris, au Quartier latin, pour votre rentrée universitaire. Comment cela se passe-t-il ?*

C.T. J'éprouve deux chocs. Le premier, désagréable, c'est l'arrivée en avion. La grisaille des toits de Paris ! On est en automne, je ne vois pas le soleil, la nuit tombe tôt, c'est très oppressant. Le second choc, c'est la merveille de ces librairies tout le long du boulevard Saint-Michel, que ce soit la librairie des Éditions Maspero, La Joie de lire, celle des PUF, ou encore Le Tiers Mythe.

ZADIG *On disait qu'il y avait beaucoup de vols chez Maspero, à l'époque...*

C.T. Je n'ai pas volé ! *(Elle rit.)* Jamais je n'aurais volé un livre, en raison de mon éducation très stricte. Ma maman était déjà morte mais elle m'aurait tué si j'avais fait ça ! Adolescente, j'aurais peut-être été capable de voler des livres, et rien d'autre, mais je pense que dès mon premier salaire je serais allée payer le libraire. Les vendeurs et les vendeuses étaient très cultivés. J'aimais déjà la belle langue, la prose lyrique. Face au jardin du Luxembourg, je fréquentais le *Mahieu* où se retrouvaient les étudiants guyanais, mais aussi antillais et maghrébins ; ce café est tristement devenu un McDo ou un Burger King...
À cette époque, je vais souvent au cinéma, et avant la politique il y a la musique. Je me prive de repas pour acheter des vinyles chez Gibert, je sacrifie sans état d'âme au moins quinze tickets de resto U pour acheter le dernier Miles Davis, le dernier Keith Jarrett, un Stevie Wonder ou un Aretha Franklin. Quant à mes engagements militants, ils surgissent dans l'effervescence du moment. Je suis profondément une vagabonde, j'étudie dans plusieurs universités, principalement à Assas où le GUD[6] multiplie les coups de force. J'ai besoin de circuler, d'écouter ce que disent les autres, de butiner. Ces années 1970 sont prodigieuses. Après le coup d'État au Chili arrivent de jeunes réfugiés. Je participe à leur accueil dans le Quartier latin, je fais du bénévolat, je contribue avec les moyens tirés de mes jobs d'étudiante, je me précipite pour voir des documentaires qui me font comprendre le monde.

ZADIG *Et vous êtes une militante indépendantiste active...*

C.T. Assurément ! J'ai mes engagements militants concernant la Guyane. Je suis membre de l'Union des étudiants guyanais.

5. Actuelle rue du Docteur-Barrat.

6. Groupe union défense, une organisation étudiante d'extrême droite créée en décembre 1968.

7. Bureau de développement des migrations dans les départements d'outre-mer, créé en 1963 par Michel Debré et remplacé, à l'initiative de la gauche, par l'Agence de l'outre-mer pour la mobilité en 1982.

Je me suis aussi abonnée à une revue anarchiste, et mes camarades me reprochent d'être peu disciplinée… Sachant que je me ruine en livres, certains me considèrent comme une petite bourgeoise qui s'approprie le savoir. Au lieu de m'excuser, j'enfonce le clou en leur disant qu'ils n'ont rien compris à la Révolution soviétique, au conflit entre Staline et Mao, à la théorie de la révolution permanente de Trotski, qu'ils ne comprennent ni Proudhon ni l'anarchie… Et la preuve qu'ils sont indécrottables, ils n'ont pas compris la nécessaire solidarité entre les étudiants et les travailleurs. On a eu des débats pour savoir s'il fallait admettre des travailleurs. J'étais convaincue que nous avions des intérêts communs avec eux, car ils prenaient de plein fouet le système, via le Bumidom[7], une structure publique qui leur proposait un aller simple vers la France en les enfermant dans les boulots les plus subal-

« Je sacrifie sans état d'âme quinze tickets de resto U pour acheter le dernier Miles Davis ou un Aretha Franklin »

ternes. Pour moi, c'était une question politique majeure : la solidarité entre les étudiants, futures élites, et les travailleurs. D'ailleurs, c'est grâce à eux que j'ai commencé à découvrir la Guyane.

ZADIG *Comment est-ce possible, alors que vous êtes à Paris ?*

C.T. Après mon bac, j'ai quitté Cayenne d'où je n'étais jamais sortie, même pas pour aller à Macouria, de l'autre côté de la rivière, à Kourou ou à Sinnamary. Cayenne, c'était le summum. J'avais l'Amazonie dans la tête, mais par la littérature, car j'avais lu des auteurs brésiliens et colombiens. Je ne l'avais jamais vue de mes yeux. La Guyane, dans ce qu'elle est, je la découvre à travers cet autre milieu social que représentent les travailleurs.
Je suis d'une famille modeste. Longtemps, j'ai dit que je venais d'une famille pauvre. Mais ce n'était pas ça, la pauvreté. Je n'ai pas connu la faim ni les vêtements en haillons ou rapiécés. Je fais la différence, par respect pour les pauvres. Mes engagements m'ont conduite à faire la différence entre la misère, la pauvreté et la basse classe moyenne, dotée d'un capital de générosité formidable. J'ai connu la frugalité, des jours où le repas était maigre, mais aussi des petits bonheurs avant Noël, quand maman achetait une barre de nougat de Montélimar avec des éclats de pistache verte. Pour la nouvelle année, nous avions tous des vêtements neufs, même si maman avait mis des mois pour les payer. Pour la première communion, nous étions habillés comme les autres enfants. Je fréquentais une école confessionnelle payante, car la seule école publique de filles avait mauvaise réputation. Avec le recul, je me dis que c'était un choix phénoménal.

ZADIG *Qu'avez-vous découvert auprès de ces travailleurs ?*

C.T. Mes engagements militants m'inscrivent dans la contestation, contre les inégalités, l'injustice, l'oppression culturelle et linguistique – nous n'avons obtenu le décret autorisant l'usage du créole dans l'éducation que dans les années 1980[8]. Je suis dans l'appropriation et la résistance culturelles. On prend des cours de danse traditionnelle, kasékò, kanmougé, grajé-vals, des cours de tambour, on apprend des chansons, on organise des événements. La revendication politique est claire : c'est l'indépendance, la rupture, alors que survient la dernière vague de décolonisation. On est persuadés

8. Notamment avec la circulaire Savary de 1982, ratifiée en 1986 par l'académie de Guyane.

9. Plan étatique de développement du territoire guyanais, qui cherchait notamment à attirer de la main-d'œuvre dans l'exploitation forestière pour la pâte à papier.

que l'indépendance de la Guyane est possible. J'étudie les sciences économiques, avec une conscience politique et culturelle forte. J'ai lu Fanon, je sais que la rupture passe par la prise de conscience culturelle, l'appropriation culturelle, la fabrication d'outils de résistance culturelle. Je défends cette triple ligne. J'écris que nous avons un réel potentiel, car notre territoire est grand, peu densément peuplé, avec des richesses minières importantes – or, bauxite –, mais aussi une agriculture vivrière d'après l'esclavage, un vaste espace maritime, des opportunités de coopération avec les pays voisins. Je peux faire des démonstrations économiques. C'est du billard ! Pareil sur le terrain politique : il y a l'histoire coloniale, l'armée, le centre spatial, des comptoirs. Une libération est concevable, avec des références, des précédents, des territoires déjà décolonisés. En puisant dans l'immensité de notre patrimoine culturel, nous avons du matériau pour convaincre.

ZADIG *Quand ce rêve indépendantiste prend-il fin pour vous ?*

C.T. Chez moi, je ne dirais pas qu'il a pris fin. Personnellement, je vais cesser de militer pour l'indépendance en 1982, mais personne ne me fera dire que ce combat est une erreur, que c'est inconcevable ou archaïque. Ce n'est simplement plus audible. Mais je conserve la conscience d'une réalité politique et culturelle de la Guyane, même si l'État a tout fait pour noyer la revendication indépendantiste.

ZADIG *De quelle façon ?*

C.T. D'abord par des arrestations arbitraires – dans notre vocabulaire, on parlait de la déportation en 1974 des militants anticolonialistes de Cayenne à la prison de la Santé ! Puis par les programmes volontaristes d'immigration lancés par les gouvernements, comme le Plan vert en 1975[9], dont l'objectif manifeste était de supprimer toute velléité d'indépendance. Nous étions près de 60 000 habitants pour 91 000 kilomètres carrés, il était facile de nous noyer.

« J'ai cessé de militer pour l'indépendance, mais personne ne me fera dire que c'est inconcevable ou archaïque »

ZADIG *À cette époque, vous sentez-vous française, guyanaise, les deux ?*

C.T. La littérature, la chanson française m'ont fortement structurée ; les engagements politiques français aussi, ceux d'Olympe de Gouge ou de Condorcet m'ont ouvert des horizons. Je n'ai pas souvenir d'avoir été en conflit avec la France parce que c'était la France. Je refusais l'oppression coloniale, un système qui ne reconnaissait pas une réalité géographique et culturelle. Et qui était inégalitaire et discriminatoire. Pendant mes années d'étude, l'effervescence était grande et je courais de meeting en meeting : sur les Saharaouis, la Palestine, le Chili, l'Argentine ou le Nicaragua, l'Afrique du Sud… Mon rapport au monde s'est construit là. Les solidarités de lutte, les idéaux partagés, la Révolution française, tout cela m'a imprégnée. En même temps, j'ai été dure avec la classe politique guyanaise. Je n'avais pas un positionnement chauvin.

ZADIG *Pourquoi avoir cessé de militer une fois rentrée diplômée chez vous ?*

C.T. Je milite puis je fais des choix professionnels : je refuse de rester plus de quatre ans dans un emploi. J'ai enseigné, dirigé une fédération de coopératives agricoles, puis un service de pêche artisanale. Je voulais apprendre les réalités de la vie des gens, connaître les enjeux concrets. J'arrête de militer pour l'indépendance en 1982. Je parle trop peut-être…

ZADIG *Non, continuez !*

C.T. En 1974 naît le Moguyde, le premier mouvement guyanais de décolonisation qui

s'affiche indépendantiste. Je l'ai soutenu, étudiante. En décembre, tous ses chefs sont arrêtés au motif d'un prétendu complot de Noël. On les accuse de préparer une série de kidnappings. En ce temps-là existent la Cour de sûreté de l'État et les procédures d'exception. À Paris, nous organisons la solidarité avec ces leaders indépendantistes qui seront finalement relâchés sans jugement. Les arrestations recommencent en 1979. Je suis rentrée depuis peu en Guyane et j'ai adhéré au Moguyde. Mon compagnon[10], qui dirige le mouvement indépendantiste, entre en clandestinité. Je me retrouve à devoir assurer le relais. Je finis par entrer moi aussi en semi-clandestinité, car je suis recherchée. Mais nous avions une forte résonance dans la société guyanaise. On faisait du théâtre de rue, du soutien scolaire. On était connus et appréciés. Au moment des arrestations, une grande solidarité populaire se manifeste, même si les gens ne sont pas d'accord avec nos objectifs politiques. Des voitures sont mises à notre disposition. Tous les jours on peut transporter ces militants recherchés. La solidarité de la société est plus grande que celle des autres mouvements politiques.

ZADIG *C'est ce qui vous pousse à renoncer ?*

C.T. Non, ce qui me pousse, c'est l'arrivée de Mitterrand au pouvoir. Il supprime la Cour de sûreté de l'État et les procédures d'exception. Puis viennent l'abolition de la peine de mort, l'autorisation des radios libres. Je pense : vive Mitterrand ! tout en prévenant que la raison d'État fera qu'à certains moments, les intérêts du gouvernement français ne correspondront pas aux nôtres. Il faut donc pouvoir dialoguer. On milite encore pendant un an pour l'indépendance, mais on voit décroître le soutien populaire. Certains nous disent : « Mais arrêtez avec ces histoires d'indépendance, la gauche ne colonise pas. » (Ils ne connaissaient pas l'histoire de la IIIe République !) On s'est donc dispersés. On a créé un syndicat indépendantiste chez les enseignants – il n'en existait que chez les dockers et les ouvriers. C'est le nouveau cadre militant.
En 1992, quand je serai candidate aux législatives, mes adversaires me traiteront d'indépendantiste, d'aventurière. Mes proches me supplieront alors de renier ces engagements, ce que je refuserai, à leur grand désespoir. Je ne renierai rien, je les assumerai dans une déclaration publique… et je serai élue haut la main…

ZADIG *Après avoir conduit une campagne électorale plutôt éprouvante…*

C.T. Je ne mène pas un combat pour le perdre ! En 1992, un élan populaire est né autour de ma candidature. J'ai organisé des formations de formateurs sur la fraude électorale. Ceux-ci ont à leur tour formé des gens. Pour la première fois dans l'histoire des scrutins en Guyane, il y eut des délégués dans les bureaux de vote, des contrôles d'identité, des procès-verbaux et un dépouillement public. Pour prévenir le bourrage d'urnes pendant les coupures d'électricité qui tombent comme par hasard au moment du dépouillement, j'avais donné publiquement la consigne d'y assister muni d'une lampe de poche… Depuis notre QG, nous alertions les juges électoraux à chaque incident grave. Je les revois, rouges et ruisselants de sueur sous le soleil de mars qui tape fort chez nous. Et il ne faut pas négliger la part du culturel et du symbolique. J'ai gagné avec la mobilisation populaire de brigades de femmes qui, le dimanche du scrutin, sont venues à 2 heures du matin chargées de seaux remplis d'eau et de grésil, avec des brosses et des balais, pour assainir les bureaux de vote installés dans les écoles. Elles disaient chasser les maléfices, elles ont même lavé les rues.

ZADIG *Votre destinée politique commençait ?*

C.T. Non ! Quand Jacques Chirac a dissous l'Assemblée en 1997, j'ai dit que je ne me représenterais pas. Un mandat, c'était bon, pas plus. Physiquement, ça me tuait. Mais j'ai été assaillie à nouveau. J'étais élue depuis quatre ans…

10. Roland Delannon, le père de ses quatre enfants, avec qui elle a vécu une vingtaine d'années.

11. Deux clubs de jazz parisiens situés rue des Lombards, près des Halles.

J'ai traîné les pieds mais, vous voyez, j'ai fini par faire quatre mandats… À la fin du dernier, j'ai dit à mes soutiens : vous pourrez me supplier, arriver les genoux sanguinolents, ce sera non quand même. Ce travail m'a éreintée.

ZADIG *Que découvrez-vous de la France métropolitaine, durant ces quatre mandats ?*

C.T. J'arrive au moment de l'effondrement de la gauche aux législatives. Le partenaire du PS français est le PS guyanais que je viens de battre… J'adhère à un groupe de non inscrits. Très vite, après quelques interventions aux questions d'actualité de l'Assemblée, je suis remarquée par les médias. Je ne réalise pas qu'avec mon verbe facile, mon tempérament combatif, je capte l'attention. Je corresponds à un stéréotype du personnel politique. Je suis femme, je ne suis pas grande, j'arrive avec mes tresses qui sont un affichage culturel plus encore que militant. C'est ma personne. Mes adversaires me reprochaient d'ailleurs cette coiffure. Ils ont dit aux électeurs : « Vous n'allez pas envoyer à l'Assemblée quelqu'un qui se coiffe en tresses ! » L'aliénation est encore forte, c'est un argument de campagne. J'ai une « coiffure de négresse » qui n'est pas à la mode. C'était rare : une intellectuelle, avec une appartenance sociale claire à l'élite, qui portait ses cheveux naturels, tressés en plus.
Résultat de mon éducation, je suis très consciencieuse : en arrivant à Paris, je vais en librairie acheter tout ce que je trouve sur le parlement, sur la Constitution. J'essaie de comprendre. Je m'inscris à la commission des Affaires étrangères. Je m'abîme les yeux – je le paie aujourd'hui. Je rentre toutes les semaines en Guyane, je me pète la santé, je fais une ménopause prématurée…
Devenue députée, je culpabilise car je quitte mes jeunes enfants pour venir travailler. Je dois justifier dans ma tête, face à ma conscience, d'infliger ça à ma famille.
Je travaille donc comme une malade. J'assiste aux séances de nuit, quel que soit le texte – ce sont mes remords personnels d'avoir laissé mes enfants. J'apprends vite le travail parlementaire même si, certaines nuits, je m'autorise une escapade au *Baiser salé* ou au *Duc des Lombards*[11], ou au cinéma pour voir les derniers Kurosawa. J'ai une petite valise bleue que je remplis de livres et rapporte de France.

« Un mandat, c'était bon, pas plus. J'ai traîné les pieds, mais, vous voyez, j'ai fini par en faire quatre… »

ZADIG *La Guyane, ce n'est pas la France ?*

C.T. La Guyane est française, mais il faut se débrouiller à la fois avec la géographie et avec l'histoire…

ZADIG *Pourquoi vous êtes-vous battue pour la reconnaissance de l'esclavage comme crime contre l'humanité ?*

C.T. Parce que c'en est un. Il y a le cent-cinquantenaire de la deuxième abolition en 1998, et des souffrances qui montent, qui montent comme un fleuve en crue. L'esclavage est une histoire que j'ai découverte douloureusement, ne l'ayant pas apprise à l'école. C'est en lisant dans le plus grand désordre que je tombe dessus et en perçois la

« Ce que je vois est terrible. Des gens en larmes, des hommes et des femmes d'âge mûr qui pleurent en public en découvrant toutes ces histoires. C'est une sorte de catharsis »

violence. Dans un deuxième temps, je réalise que la Guyane a fait partie de ces territoires qui ont été colonisés. Je ne l'avais pas compris tout de suite.

ZADIG *C'est donc par la voie de vos lectures que vous vient cette idée...*

C.T. Oui, absolument. Et par des lectures vagabondes. Je vais dans les librairies, à la bibliothèque. Je fouine, je lis... pas forcément intentionnellement. Et je ne situe même pas l'esclavage géographiquement. L'Afrique, j'y suis entrée d'abord par la littérature. Au lycée, nous avions fait une grève dont j'étais une des leaders, par tempérament et en raison des circonstances – je venais de perdre ma maman, j'étais donc plus libre que les autres. Je pouvais rester plus longtemps au lycée, j'avais une plus grande liberté de parole. Lors de cette grève, nous exigions l'enseignement de la littérature africaine et africaine-américaine. Nous exigions également l'enseignement de la langue portugaise, car le Brésil est voisin et nous croisions des Brésiliens dans la rue. Et puis je découvre le commerce triangulaire, sans bien le comprendre, la violence de la traite et son imbrication dans le système colonial français, avec toutes ses villes atlantiques. Tout cela est un peu confus dans ma tête à l'époque. Je n'ai personne à qui demander des explications. Cette Afrique-là n'est pas celle de la littérature, ce n'est pas la même. C'étaient des villages perdus... Je mets quelques années à saisir ce qu'était vraiment la traite.

ZADIG *Qu'entreprenez-vous alors, en 1998, pour le cent-cinquantenaire de l'abolition de l'esclavage ?*

C.T. J'organise d'abord en Guyane un cycle de conférences sur toutes les thématiques de l'esclavagisme : l'histoire, l'économie, la place des femmes... Et puis je participe à des colloques à Paris. Il y a quand même une sorte d'ébullition. Chirac organise à l'Élysée des événements commémorant 1848 et la libération des esclaves par Victor Schœlcher.

Jospin va faire un peu mieux en se déplaçant à Champagney, avec des ministres et des parlementaires, parce que, dans ce petit village de la Haute-Saône, des paysans avaient demandé dans des cahiers de doléances l'abolition de l'esclavage. Il y avait déjà là, en 1998, un petit musée de l'esclavage et des droits de l'homme. C'est mieux, mais c'est encore l'histoire vue exclusivement depuis la métropole coloniale. Nulle trace de l'horreur du système esclavagiste, du commerce d'êtres humains.

ZADIG *Vous vouliez donc remonter le fil de l'histoire et revenir aux origines, puis à la première abolition de l'esclavage*[12] *?*

C.T. Les colons étaient encore puissants en 1794, quand ils s'opposaient à la première abolition. En 1848, les enjeux économiques et financiers sont moins évidents, moins massifs, moins démonstratifs parce que système a été sabordé par les résistances quotidiennes, par le marronnage[13] et par les rachats de liberté. Des esclaves veulent et peuvent s'affranchir en payant leur liberté.

Les colloques, auxquels j'assiste aussi pour m'instruire, n'attirent pas que des universitaires. Ils intéressent le grand public : Antillais, Réunionnais, Guyanais, Africains vivants en France. Ce que je vois est terrible. Des gens en larmes, des hommes et des femmes d'âge mûr qui pleurent en public en découvrant toutes ces histoires. C'est une sorte de catharsis. Je comprends que ces gens ont besoin de mots. Ils interrogent les universitaires pendant les débats en posant des questions inimaginables : comment les esclaves perdaient-ils leur nom ? Comment séparait-on charnellement les enfants ? J'assiste à un choc entre des univers qui n'ont pas l'habitude de se côtoyer : celui de la rigueur universitaire et celui de l'émotion débordante, d'une souffrance qui afflue. Ce sont des scènes incroyables. Les gens découvrent que, pendant toute leur enfance, ils ont été encerclés par cette tragédie, qu'elle appartenait à leur environnement physique, au destin de leur famille. Aux Antilles, l'économie de plantation a survécu à l'abolition de l'esclavage, elle a perduré. Certains sont arrivés en France après avoir rompu avec la plantation, principal employeur. À présent, ce sont encore les békés, les descendants des esclavagistes, qui forment l'aristocratie foncière et financière. Ils sont les puissances dominantes dans ces îles. Pour les Antillais de la région parisienne que je rencontre alors, des sensations résonnent en eux. Je vois ces hommes et ces femmes pleurer en public. Tout ce qu'ils entendaient durant leur enfance, leur adolescence, le mépris, l'exclusion, la pauvreté, la misère, tout cela remonte et ils en saisissent la source. Ils ont besoin d'une parole de guérison, ils la réclament.

ZADIG *C'est donc à ce moment-là que vous décidez de rédiger une proposition de loi pour faire reconnaître l'esclavage comme crime contre l'humanité ?*

C.T. Oui, et je bataille contre moi-même. Car, dans ma tête, je me demande comment je vais m'y prendre pour que la parole solennelle trouve des mots qui reconnaissent un crime légal. Je me demande d'abord pourquoi les gens ont besoin d'une parole officielle sur un crime qui était officiel. J'ai du mal avec ça pendant au moins quatre ou cinq mois. Mais je ne confonds pas la République et la monarchie qui a commis le crime. Je le dis aux parlementaires : « Pourquoi vos réticences ? Vous êtes des républicains convaincus, et vous ne pouvez pas affirmer que la République ne couvre pas ces actes ? » Et puis, à un moment donné, je me suis dit : ton opinion, on n'en a rien à faire sur un sujet pareil. Les gens en ont besoin, tu l'obtiens. Personne ne t'a demandé de le faire. Ils réclament cette parole solennelle : ta situation te permet de le faire, tu le fais sans le prendre pour toi, en menant la bataille jusqu'au bout.

ZADIG *Qu'est-ce qui vous gênait ? Demander aux héritiers d'anciens esclavagistes de légiférer ?*

C.T. Non, je ne parle pas d'héritiers, je ne pose pas la question individuellement. Parce

12. Par le décret du 16 pluviôse an II (4 février 1794), l'esclavage est aboli dans toutes les colonies et la qualité de citoyen conférée à tous les hommes y résidant, sans distinction de couleur. Le bilan de son application sera faible. Il finira par être abrogé par la loi du 20 mai 1802, et l'esclavage restauré.

13. De l'espagnol *cimarrón* (« vivant sur les cimes »), le marronnage désigne la fuite des esclaves, qui gagnaient la nature pour échapper aux maîtres.

« Je voulais tout lire sur l'esclavage, en français, en anglais, en portugais, en espagnol, pour être imbattable sur le sujet, incollable »

que c'est un crime institutionnel, justement ; je demande donc aux institutions républicaines de donner un statut au crime. Avec le recul, je pense que c'est ce qu'il fallait faire. Mais au départ, je me disais que c'était irrationnel et hyper affectif…

ZADIG *Quel a été votre sentiment quand vous avez obtenu le vote de cette loi ?*

C.T. Je soupire physiquement, car pendant six mois j'ai dormi deux heures par nuit. Je voulais tout lire, en français, en anglais, en portugais, en espagnol, pour être imbattable sur le sujet, incollable – je connais toutes les querelles d'historiens sur les chiffres, les lieux, les périodes. Et en même temps, je faisais mon travail de parlementaire, en obtenant, par exemple, le remboursement des médicaments antipaludéens – le paludisme touche en effet essentiellement les quartiers pauvres en Guyane et, comme les médicaments sont chers, les gens fragmentent les traitements, provoquant ainsi une résistance… Je suis donc épuisée, quand même. Et j'ai entendu pis que pendre : « C'étaient les Africains qui vendaient leurs frères » ; « L'Afrique est restée pauvre alors que les anciennes colonies sont devenues des départements »… J'entends des conneries horribles. Mais ce n'était pas une cause personnelle, aussi je l'ai défendue correctement et jusqu'au bout.
Le jour du débat public, je n'ai rien trouvé de mieux à faire que prendre le métro, chargée de mes gros dossiers. D'habitude, je vais à l'Assemblée à vélo… À 8 heures du matin, heure de grande affluence, je suis en haut de l'escalier quand j'entends la sonnerie de fermeture des portes… Bêtement, je dévale les marches et m'étale, me tordant la cheville. Un monsieur gentiment rassemble mes dossiers éparpillés. J'arrive en boitant à l'Assemblée et je souffre pendant des heures… Cela me coûtera six mois de béquilles. Un ami sénégalais me dira plus tard : « C'est parce que tu as soulevé le fardeau qui pesait sur l'esprit de nos ancêtres ! Mais tu n'as eu que la cheville blessée… » *(Rires.)*

ZADIG *Autre grand moment historique : en 2002, vous êtes la première femme noire candidate à l'élection présidentielle, et vous réalisez un beau score*[14]*...*

C.T. ... grâce à une très belle campagne ! Vous savez, il m'arrive de croiser encore des personnes qui me disent : « Mon premier vote, c'était pour vous ! »

ZADIG *N'y a-t-il pas eu un hiatus entre ce que vous portiez – un projet d'ensemble pour la France – et ce qu'on a retenu – une candidate représentant les outre-mer, les minorités voire les invisibles... ?*

C.T. Absolument, cela a été ma première assignation identitaire officielle. Et elle était publique. J'étais systématiquement renvoyée à l'outre-mer, aux minorités, aux banlieues, aux sans-voix par les médias qui me présentaient ainsi, et sans états d'âme. Un jour, j'ai fini par faire une déclaration soulignant que mon nez épaté ne m'empêchait pas de porter et de défendre les intérêts de tous les citoyens de tous les territoires. Car j'avais un programme : la place de la France dans l'Union européenne, la réforme des institutions pour une VIe République, une réforme fiscale... J'abordais vraiment tous les sujets sur lesquels j'avais des compétences reconnues : j'étais qualifiée, parlementaire, j'avais rédigé des rapports... Effectivement, la question de la cohésion sociale et de l'égalité était importante pour moi. Mais je proposais aussi de créer une assemblée des citoyens du monde à l'ONU pour faire contrepoids à l'Assemblée générale.

ZADIG *Les critiques que vous avez subies à la suite de cette candidature vous laissent-elles amère ? On vous a reproché de ne pas vous être désistée au profit de Lionel Jospin, afin d'assurer sa présence au second tour de l'élection présidentielle... Cela s'est soldé par une grande claque infligée à la gauche*[15]*.*

C.T. J'avais toute légitimité à être candidate. Je n'ai aucun regret pour les idées que j'ai défendues et j'ai fait preuve d'une loyauté totale envers la gauche. Je l'ai fait par éthique personnelle. En effet, j'ai assumé durant toute ma campagne la totalité des textes de cette législature, alors que depuis 2001 j'avais rompu avec le groupe socialiste et ne votais plus les lois[16]. Ainsi, je n'avais pas voté celle sur la sécurité quotidienne, après les attentats de Manhattan, qui permettaient à la police de vous arrêter, de fouiller votre coffre[17]...
Ce n'était pas une loi de gauche !
Les radicaux m'ont demandé d'être leur candidate à la présidentielle. Quand j'ai commencé à avoir ces échanges avec eux, je suis allée voir Jean-Marc Ayrault, alors président du groupe parlementaire socialiste à l'Assemblée, et je lui ai annoncé que je préférais quitter le groupe par loyauté et afin d'être libre dans ma tête, quelle que soit ma décision. Puis j'ai demandé un entretien à François Hollande, alors numéro un du PS, en novembre. Jean-Pierre Chevènement avait commencé à cogner sur Lionel Jospin, en disant : « Pour battre Chirac, il me faut d'abord battre Jospin. »
Il a démissionné du PS et annoncé publiquement sa candidature. Hollande m'encourage à y aller en me disant : « On sait que tu nous ramèneras des voix qu'on ne pourra pas attirer nous-mêmes. Donc ce sera très important. »
Et il ajoute, parce qu'il est fin politique et que, moi, je suis honnête et lui dis tout : « Il faudra se poser la question de savoir si Jospin va passer la barre psychologique des 20 %. On ne le verra qu'en février. Donc si tu es d'accord on refait le point à ce moment-là. »
En février, puis en mars, aucun signe ne vient de personne. Ni Hollande ni Jospin ne me disent quoi que ce soit. Je croise deux fois Jospin, parce qu'on tient meeting dans la même ville. Il ne me dit rien. Mais mon directeur de campagne m'informe alors qu'il existe des tractations entre les radicaux de gauche et le PS pour la répartition des postes de ministres. Et il me dit : « Jean-Michel[18] souhaite savoir ce que tu veux. » Je lui réponds : « Même pas Premier ministre ! » Il me répond : « Ça ne m'étonne pas de toi. » Je suis une personne res-

14. Christiane Taubira se présente sous l'étiquette du Parti radical de gauche (PRG) et obtient 2,32 % des voix au premier tour (et 52,7 % des suffrages en Guyane).

15. Avec 16,18 % des voix, Lionel Jospin s'est trouvé éliminé au premier tour par Jacques Chirac (19,88 %) et Jean-Marie Le Pen (16,86 %).

16. Christiane Taubira rejoint en novembre de cette année-là le groupe radical, citoyen, vert (RCV).

17. Votée le 15 novembre 2001, la loi sur la sécurité quotidienne, ou loi Vaillant, renforçait la lutte contre le terrorisme, les trafics, les nuisances sociales et les incivilités. Elle autorisait notamment les visites de véhicules au cours d'enquêtes de flagrance.

18. Jean-Michel Baylet, le président du PRG.

« J'avais toute légitimité à être candidate à l'élection présidentielle en 2002. Je n'ai aucun regret pour les idées que j'ai défendues et j'ai fait preuve d'une loyauté totale envers la gauche »

ponsable. Si on m'avait demandé une discussion politique en me disant : « On pense que c'est risqué », j'aurais entendu... Tout de même, comme candidats à gauche, il y avait, en plus de Jospin, Jean-Pierre Chevènement, Noël Mamère, Robert Hue et moi. Et je serais la seule à avoir posé problème, la seule coupable, la seule responsable de la défaite de la gauche ? Peut-être la seule femme, et peut-être pas de la bonne couleur... En tout cas, la seule à ne pas avoir cogné sur le PS.

ZADIG *Finalement, avez-vous pu avoir une explication avec Lionel Jospin ?*

C.T. Pour moi ne viendra jamais l'heure des excuses. Comment expliquez-vous qu'un Premier ministre avec son bilan, ses qualités morales, n'arrive pas au second tour ? Alors qu'il a réduit le déficit public, la dette, fait remonter l'emploi, lancé des emplois jeunes. Pourquoi a-t-il échoué ? C'est ça le sujet, et le seul. Aujourd'hui non plus, je ne m'excuse pas. Et s'il fallait recommencer, je recommencerais – différemment, pour qu'on entende mieux ma voix. Le temps passant, je n'ai cessé de dire aux socialistes : si vous vous étiez posé ces questions, on n'en serait pas là. Vous croyez que c'est moi – qui n'ai pas eu droit aux médias à part les quinze jours de campagne officielle obligatoires – qui suis responsable ? Figurez-vous qu'un jour, quelques mois après les élections, je croise un jeune homme qui veut une photo dédicacée de Lionel Jospin... Je n'étais pas habituée à ça, c'était assez étonnant, tellement attendrissant. Je décide

« Je n'ai jamais vacillé. Le mariage pour tous était un engagement du président. Mais j'en étais peut-être encore plus respectueuse que lui »

de faire plaisir à ce jeune homme. Je me dis : « Je m'en fiche s'il est fâché… J'appelle Jospin ! » Il me dit gentiment : « Mais tu peux passer me voir si tu veux. » Entre-temps, Julien Dray, sur le plateau de Serge Moati, a déclaré : « Moi, je n'accuse pas Christiane. Dans ma circonscription, elle a ramené aux urnes des personnes qui ne votaient plus depuis une dizaine d'années. » C'est le seul de la gauche qui ait dit ça, tous les autres me sont tombés dessus. Quand j'arrive chez Jospin, il me dit : « Moi, je ne t'ai jamais accusée de m'avoir fait perdre. » Je lui rétorque : « Pratiquement tous tes lieutenants m'ont accusée et tu n'as jamais élevé la voix pour les faire taire. » On s'est quittés en excellents termes.

ZADIG *La responsabilité de la Justice, comme garde des Sceaux de mai 2012 à janvier 2016, correspondait-elle à une aspiration intime ?*

C.T. Est-ce pour cela que j'ai dit oui ? De fait, j'avais décidé d'arrêter la vie politique. Mais quand Hollande demande à me voir après avoir gagné les primaires, début novembre 2011, je lui dis : « Je vais prendre ma part pour empêcher un deuxième mandat de Sarkozy et je vais faire pleinement ta campagne nationale. Mais après, pour moi, c'est fini la vie politique. » À la fin de la campagne, je suis rentrée à Cayenne et j'ai voté. Pour moi, c'était fini.
Je suis revenue à Paris, car je travaillais avec la Fondation Danielle-Mitterrand, au conseil d'administration de laquelle j'étais entrée. J'avais accepté d'être sa porte-parole. Hollande m'a appelée en prenant mille précautions et a fini par me demander : « Est-ce que tu accepterais d'être ministre de la Justice ? » Là, j'ai une grande barre noire, comme dans une BD. Plus rien. Mon cerveau se déconnecte de mes projets… J'ai dit : « Oui. » Seulement 48 heures après, je réalise que j'ai accepté d'entrer au gouvernement.

ZADIG *La loi sur le mariage pour tous, que vous avez fait voter en 2013 comme garde des Sceaux, est probablement à la fois une fierté et une blessure personnelle, avec tout ce que vous avez pu entendre sur votre compte. Vous avez déclenché des passions qu'on n'avait même pas imaginées… Quelles traces cela laisse-t-il en vous ? Estimez-vous que le racisme reste fort dans cette France républicaine ?*

C.T. Je n'ai jamais douté, à aucun moment, qu'il y avait des gens racistes en France. Il y en a encore. Mais je ne vais pas prétendre que je m'attendais à la fureur, à la démesure, aux excès, à la rage… Non. Mais j'étais tellement persuadée que c'était juste et beau de le faire. À un moment donné, j'ai eu un regard d'entomologiste sur ce qui se passait, j'ai essayé de comprendre : qu'est-ce qui était souterrain et qui, tout à coup, surgissait telle une éruption ? Car ce pays semblait calme juste avant. J'avais la curiosité, à la fois intellectuelle et affective, de comprendre vraiment pourquoi des jeunes manifestaient aux Invalides contre cette loi. Sans doute à cause de la pesanteur

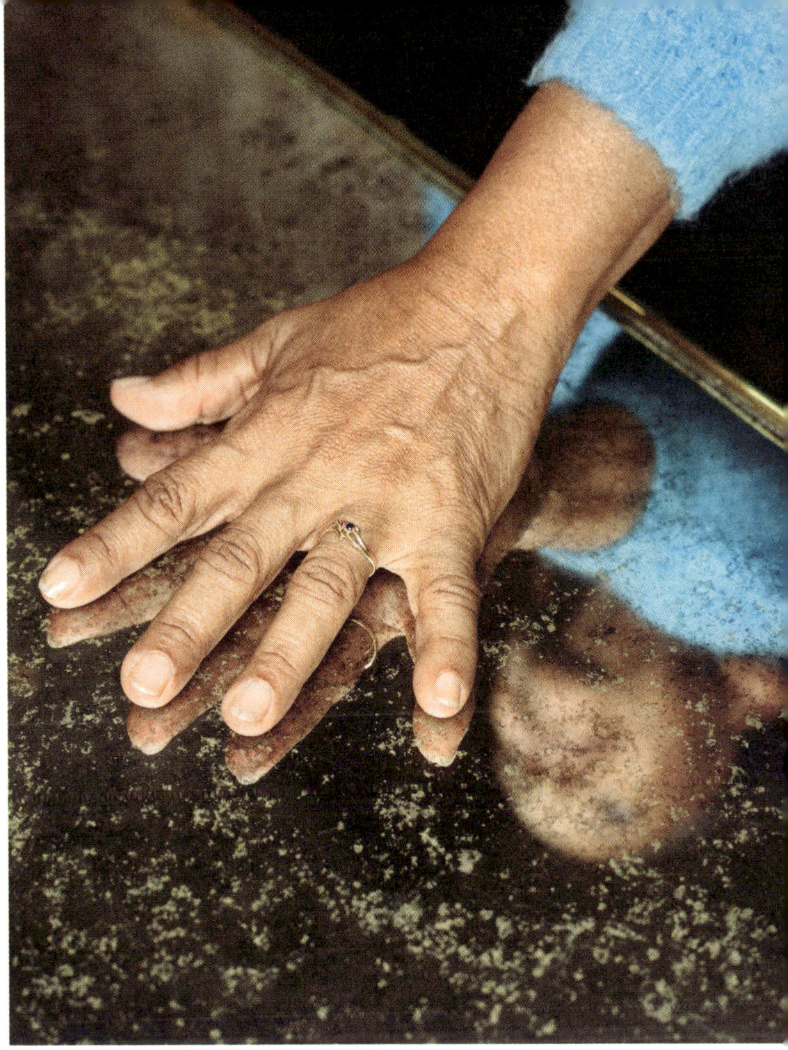

sociale dans tous ses archaïsmes, de la pression familiale, de la pression religieuse, de l'intolérance aussi. Des jeunes de cette société sont-ils assez égoïstes pour refuser que d'autres aient une vie différente de la leur ? Je sais qu'il y eut beaucoup de faux-semblants, y compris chez de jeunes homosexuels qui n'avaient pas fait leur coming out auprès de leur famille... Mais je n'ai jamais douté, jamais vacillé. À aucun moment je n'ai pensé qu'on faisait mal, qu'on faisait une bêtise. C'était un engagement du président. Ce n'est pas moi qui l'avais pris devant les électeurs, mais j'en étais peut-être encore plus respectueuse que celui qui l'avait fait. C'était juste. Il fallait le faire. Cela ne pouvait pas nuire : ça allait faire du bien à des gens et, par ricochet, à toute la société. Je m'étais préparée en organisant toute une série d'audiences à la Chancellerie. J'avais consulté des professeurs, des praticiens de droit civil. J'avais passé beaucoup d'heures à écouter et lire pour comprendre la logique du Code civil. J'ai veillé à ce que le texte intègre toutes les incidences sur les autres codes, que nous avons modifiés en même temps, pour rendre ces nouveaux droits effectifs. Ceux-ci rendent notre société plus égalitaire et plus juste.

ZADIG *Pensez-vous qu'on a reculé dans notre manière de traiter les personnes noires ? Et que la France a un problème avec la question de race ?*

C.T. Les responsables politiques ont un problème pour assumer l'histoire, et pour la comprendre. Ils manquent de courage moral pour affronter les conséquences contemporaines de cette histoire, qui est sous nos yeux. Ainsi du peuplement des banlieues, qui est une empreinte contemporaine de l'histoire de la colonisation. Les personnes qui arrivaient des colonies étaient reléguées en périphérie. Avec la décolonisation, les descendants de ces personnes colonisées – les Afrodescendants pour l'Afrique et les descendants des Maghrébins – sont demeurés présents dans ces lieux-là. Leur concentration est très clairement le résultat et la trace de cette histoire. Il faut arrêter de bafouiller, il faut l'assumer en tant que tel. Cela ne veut pas dire que les responsables politiques aujourd'hui sont responsables du passé. Mais ils deviennent responsables de leur lâcheté et de l'aggravation des choses parce qu'ils n'apportent pas de réponses aujourd'hui, en matière de politique de la ville ou de logement, de combat pour l'égalité républicaine réelle. Ils s'accommodent du fait qu'un gamin né dans ces banlieues a moins de chance d'arriver au bout de ses talents, de ses capacités et de son potentiel, moins de chance d'accéder à certains métiers, à certaines responsabilités. En revanche, il a vingt fois plus de risques d'être contrôlé par la police. C'est le défenseur des droits qui le dit[19]. Ce n'est pas un hystérique. Vous ne pouvez pas l'ignorer. Si vous n'arrivez pas à l'admettre et à le dire comme responsable politique, allez faire autre chose ! La réalité demeure, et elle est têtue.

19. Jacques Toubon, dans un rapport d'enquête rendu public en 2017.

ZADIG *Dans votre premier roman, intitulé* Gran Balan *paru cet automne, de jeunes Guyanais souffrent, manquant souvent de perspectives ; des mamans créoles souffrent aussi à leur côté, mais les soutiennent. Cette situation difficile et douloureuse que vous peignez si bien, est-ce celle de cette région aujourd'hui ?*

C.T. Ces souffrances sont réelles. Le contexte est exact. Le dévouement, l'angoisse et la force des mamans aussi. Cependant – et c'est ce qu'il y a de terriblement attachant chez cette jeunesse –, même lorsqu'elle est broyée par un environnement social indifférent, négligent, voire hostile, elle reste combative et assez caustique. Ce qui ne la met pas à l'abri des tragédies.

ZADIG *Vous utilisez une langue dansante et musicale dans cette fiction. Est-ce que ce fut un plaisir d'écrire ainsi ce livre ? Vous êtes-vous sentie libérée des contraintes de l'essai ?*

C.T. La langue danse malgré moi. Simplement, j'y consens parce que j'y prends moi-même plaisir. L'immensité des possibles offerts par le roman, par rapport à l'essai qui est également un genre exigeant, c'est qu'il accepte d'héberger une langue et autant de langages qu'on veut. Dans *Gran Balan*, la langue se déploie comme de multiples branches qui chaloupent à partir d'un tronc unique. Tous les jeunes ne parlent pas de la même façon, les adultes non plus, et pourtant les conversations sont vives. Ça dialogue !

ZADIG *La quasi-totalité de l'histoire de la Guyane se trouve contée par différentes voix dans ce récit. Vouliez-vous que vos lecteurs réalisent ainsi qu'il faut l'appréhender, voire l'assumer dans sa globalité ?*

C.T. Tout y est, en effet, mais c'est davantage un biotope qu'une intention. Ce pays bruisse de tous ses cris et gémissements, il brille de tous ses exploits, il lèche ses blessures et ses cicatrices craquent encore. On peut juste y passer, le traverser l'esprit distrait et le regard vague, y vivre des journées formatées. Qu'on en soit natif ou qu'on soit de passage, on peut ne rien voir, ne rien entendre, se contenter d'une vie morne ou confortable. Mais il suffit de se rendre poreux pour voir comment les paysages, les noms de lieux, les mœurs, les langues et les cultures, les traces douloureuses, glorieuses ou joyeuses de tous les épisodes historiques impriment les trajectoires individuelles. ♦

MANUEL BRAUN est un photographe franco-suisse. Formé aux Beaux-Arts, il s'est spécialisé dans le portrait de presse, la publicité et la mode. Ses photos d'artistes, d'écrivains, de philosophes, de personnalités politiques ou encore de designers témoignent d'une approche cinématographique de son médium.

SERGE BLOCH est auteur-illustrateur. Formé à l'École supérieure des arts décoratifs de Strasbourg, il rejoint la presse enfantine et publie son premier album, *Sam et son papa*, en 1998, chez Bayard (rééd. en 2009). Il partage son temps entre la presse (*The New York Times*, *Le Monde*, *Télérama*, *Libération*), la publicité et ses expositions personnelles. *Jésus : l'histoire d'une Parole*, écrit avec Frédéric Boyer, a paru en 2020 chez Bayard Culture.

Ses œuvres cultes

***Fureur et mystère*,**
de René Char (1948)

« On y trouve cet aphorisme magnifique : “Ce qui vient au monde pour ne rien troubler ne mérite ni égards ni patience.” »

Tout Zola

« J’aime l’écrivain, ses romans. J’aime aussi l’homme, ses engagements, ses combats, ses tourments, sa vie amoureuse. J’aime celui qui casse brutalement sa vie tranquille, par ce texte, “J’accuse”, le générateur de scandales, exigeant et juste. J’aime qu’on secoue la société, ses routines, ses infamies. Zola est d’une combativité exceptionnelle par sa littérature. Il oblige à regarder et à voir. »

De jeunes femmes instrumentistes de talent

« Esperanza Spalding à la contrebasse ; Géraldine Laurent au saxophone ; Anne Paceo à la batterie ; Lolo Irving au saxophone ; Ayo à la guitare ; Yael Naim au piano ; Zahia Ziouani, cheffe d’orchestre... »

***Rashōmon*,**
de Kurosawa (1950)

« Pour le tourbillon mental qu’impose ce film, inusable. Et aussi *Les Sept Samouraïs*, impressionnante fresque sociopolitique, culturelle et artistique. Mais je citerai un chapelet de films, de Bergman à Fellini, de Visconti à Herzog, de Spike Lee à Jane Campion. »

***Playing in the Dark*,**
de Toni Morrison (1992)

« Cet essai, qui éclaire toute l’œuvre littéraire de Toni Morrison, s’ouvre sur ce livre troublant de Marie Cardinal, *Les Mots pour le dire*, qui lui-même commence par une crise de panique lors d’un concert de Louis Armstrong. Dans ces conférences, Toni Morrison interroge, à travers Poe, Melville, Hemingway, la façon dont la littérature américaine a stéréotypé les Afro-descendants, comment elle les a largement ignorés ou invisibilisés. C’est un ouvrage lumineux, qui permet de comprendre pourquoi l’Amérique se débat encore avec la présence (pluriséculaire !) des Africains-Américains, la seule qui la taraude, la seule qu’elle se montre absolument incapable d’accepter. »

TEXTE
ARTHUR FRAYER-LALEIX

ILLUSTRATIONS
JULIETTE LAGRANGE

Dans la peau…

D'UN VIGNERON

Notre reporter a aidé un agriculteur qui s'est lancé dans le vin en pleine Beauce. Il a fait ses premières vendanges avec lui et l'a suivi dans la délicate vinification de son pinot noir et de son chardonnay. Une aventure qui requiert autant d'énergie que de ténacité.

LONGTEMPS, la date de la vendange est restée incertaine. Elle a finalement été fixée au premier dimanche de septembre. C'est Rodolphe, le vigneron, qui m'a averti. Ce matin-là, le ciel tire sur le bleu délavé. L'air est cru, très pur. La terre sent le mouillé. La météo a dit qu'il devait faire beau. Je me méfie. Dans le doute, j'ai fourré un K-Way et un deuxième pull dans le coffre de ma voiture avant de partir.

Il est 9 heures quand je me présente à la vigne. La parcelle est modeste. Elle fait 1 hectare tout au plus. Elle a été plantée en lisière d'un bosquet de chênes, ce qui la rend invisible depuis la route. Les rangs dessinent des lignes bien droites et espacées comme les marques d'un peigne dans les cheveux. Un grillage électrifié a été tiré tout autour pour empêcher les animaux sauvages de venir manger les pieds.

Ce jour-là, je viens participer à la vendange et aider Rodolphe à vinifier son raisin. Je vais travailler comme vigneron. C'est une récolte atypique à laquelle je vais prendre part. D'abord pour l'endroit : je suis dans l'Eure-et-Loir, en pleine Beauce. La région est connue pour son blé et ses betteraves, pas pour son vin – Mérouville, le village de Rodolphe, est un confetti de 218 habitants, planté au milieu de kilomètres de champs de céréales. Ensuite parce que cette vendange est la toute première pour Rodolphe : il est agriculteur à l'origine. J'y reviendrai.

Sur la parcelle de vigne, plusieurs dizaines de personnes sont déjà présentes. Des hommes, des femmes en nombre égal. Avec des anoraks et des écharpes. Des panaches de froid leur sortent de la bouche. J'aperçois Rodolphe. Il a 44 ans, les yeux très bleus. Sa peau est brunie par le soleil. Il discute avec un petit groupe d'hommes que j'imagine être des copains. Moi excepté, tous sont des amis ou des membres de la famille venus l'aider pour cette première récolte. Il m'aperçoit : « Comment ça va ? » Il ne s'attarde pas beaucoup plus. Déjà, il file. Il a mille choses à penser aujourd'hui. Cette journée de vendange, ça fait quatre ans qu'il la prépare.

Quelques instants plus tard, j'entends sa voix qui se fait plus forte : « Rapprochez-vous que je vous explique ! » On s'amasse autour de lui. On est une quarantaine maintenant. Nos voitures sont garées en pagaille dans un champ voisin. « Voilà les consignes : on va commencer par le raisin blanc. C'est le plus simple à récolter et il vaut mieux le faire à la fraîche. Vous n'avez pas de tri à faire, vous prenez tout ce qu'il y a sur les branches et vous mettez les grappes dans les seaux. Parfois, elles peuvent être cachées derrière les feuilles, regardez bien... Vous vous mettez à deux par rang. On viendra vous prendre les seaux régulièrement. »

RODOLPHE A COMMANDÉ 4 365 PIEDS À UN PÉPINIÉRISTE, ACHETÉ DES CUVES ET UN PRESSOIR : UN INVESTISSEMENT DE 150 000 EUROS

Il n'y a que douze rangs de raisins blancs. Le rouge, après, nous prendra bien plus de temps. Alors que Rodolphe poursuit ses explications, un homme s'aperçoit soudain que sa femme est encore à leur voiture. Il dit tout haut :

– Qu'est-ce qu'elle bouine[1] ?

Un autre répond :

– Elle se met ses chaussures à talons... Elle sait qu'y en a pas besoin pour la vigne ?

Les hommes autour rigolent.

– C'est malin... soupire une femme en levant les yeux au ciel.

Un troisième type lève la main, le sourire en coin. On sent qu'il a une bêtise à dire. L'ambiance est à la rigolade. Tout paraît léger comme un jour de kermesse d'école.

– On a le droit de se parler quand même pendant qu'on travaille ?

– C'est pas l'usine ! répond Rodolphe. Et vous inquiétez pas, on sera à l'heure à l'apéro !

Le gars demande encore :

– Et il y a de la goutte pour aller avec le café ?

Je me retrouve au tout premier rang de vigne avec deux hommes. Ils s'appellent Dominique et Jean-Michel. Le premier est vêtu d'une polaire rouge et d'un pantalon de chantier. Le second a une cigarette roulée aux lèvres et une casquette de chasse. Ils doivent avoir dans les 40 ou 50 ans. On se met au boulot : eux avec un sécateur, moi avec le seau.

Dominique coupe ses premières grappes qu'il jette dans mon seau. Je regarde. Elles sont compactes, le raisin charnu. Je goûte un grain. Il est sucré. Dominique fait tomber encore d'autres grappes. On avance. Après quelques mètres, il se met à genoux dans la terre. Les grappes sont trop basses pour lui, ça lui abîme le dos. De l'autre côté du rang, sous sa casquette de chasse, Jean-Michel dit :

– Il y a des années de ça, j'ai fait la vendange du côté de Cognac... Les grappes étaient bien plus hautes.

C'est le cas quand les vignes sont vieilles. Elles peuvent avoir jusqu'à 80 ans. Mais alors, à cet âge-là, les grappes qu'elles produisent ont moins de raisins. Il faut dix ans pour qu'une vigne soit bonne. Elle atteint sa maturité à trente ans. Celle de Rodolphe est encore toute jeune. Il a planté ses premiers pieds en 2018. Dans quelques années, ses raisins seront à hauteur d'homme et plus faciles à récolter.

Rodolphe est ingénieur agronome de formation. Après avoir fait de la coopération agricole en Palestine au début des années 2000 et travaillé comme informaticien en région parisienne, il a repris une partie de la ferme de sa famille en 2014. Il ne voulait pas passer sa vie à Paris. La ferme tourne surtout grâce à la culture du blé et de la betterave. Puis arrive 2016. C'est une année terrible pour la région. Des pluies monumentales dévastent les parcelles de blé au printemps. Les champs ressemblent à des piscines olympiques. « Je me suis dit qu'il fallait me

1. « Qu'est-ce qu'elle fait ? »

2. L'autodromo nazionale di Monza, circuit automobile au nord de Milan.

diversifier », m'explique Rodolphe. C'est là qu'il a l'idée de planter des pieds de vigne : « Il n'y en avait pas dans la région… c'est une petite nouveauté. » Il dépose une demande à l'administration pour obtenir le droit de planter et se met à lire quantité de livres, comme le *Manuel de viticulture* ou *La Vinification*, quatrième édition. Il commande 4 365 pieds à un pépiniériste, achète des cuves et un pressoir. Tout cela représente un investissement de 150 000 euros.

À côté de moi, Dominique continue à jouer du sécateur. Mon seau se remplit :

– Tu connais Rodolphe d'où ? je lui demande.

– On fait des dégustations de vin ensemble.

Ils vont dans un « club » animé par un caviste au Puiset, une commune à 12 kilomètres de là. Dominique fait des dégustations depuis dix-sept ans :

– Avant de commencer, j'aimais surtout le bordeaux… Maintenant, je suis plus vins du Sud-Ouest… J'aime beaucoup le cahors.

Il fait tomber de nouvelles grappes dans mon seau. Ce qui l'intéresse surtout, il me dit, c'est l'histoire du vin :

– Tu savais que c'étaient les Romains qui l'avaient importé chez nous, en France ?

Il coupe encore une grappe.

– Le vin, c'est un art. Il y a toute une histoire et un savoir-faire derrière… C'est comme le pâté : si on ne t'explique pas comment faire, tu ne peux pas savoir…

Au Portugal, son beau-père fait son propre vin de Porto et c'est pareil.

Des bribes de conversations provenant des autres rangs de la vigne nous parviennent. Une voix d'homme est en train de dire : « Ferrari, ils sont 13e et 17e sur la grille de départ du Grand Prix de cet après-midi… Oui, c'est à Monza[2]. » Une autre, quelques mètres plus loin : « Je me suis mis au parapente. » Tout cela est couvert par les cris d'une petite fille qui hurle : « Maman ! y'a une araignéeee dans le raisin ! » Le soleil nous chauffe le dos maintenant. On sent les premiers picotements de la sueur sur la peau. Dominique ôte sa polaire, la dépose sur un piquet de grillage et reprend son travail bras nus, comme si c'était le cœur de l'été.

– C'est que, les vendanges, ça se fait de plus en plus tôt maintenant.

Jean-Michel relève sa visière. Il nous a appris quelques minutes auparavant qu'il travaillait comme ouvrier agricole dans le cresson :

– En cressiculture, la saison est avancée de quinze jours maintenant… Et ce sera la même chose pour les céréales.

– J'ai entendu dire que ce serait pas terrible, les céréales, cette année, dit Dominique.

– Pas terrible du tout, même…

Avec le réchauffement, toutes les cultures connaissent des calendriers écourtés. Depuis une dizaine d'années, la date des vendanges ne cesse d'être avancée. Elles avaient lieu entre la fin septembre et le début du mois d'octobre à l'orée des années 2010. Désormais, les vignerons et les viticulteurs vendangent parfois au début du mois de septembre.

Mon seau est plein. Je le rapporte à l'entrée de la vigne. Là, des caisses de plastique rouge sont alignées dans l'herbe. Ma tâche consiste à déverser le seau dans les caisses. Il faut faire attention de ne pas vider ça à la va-vite, sinon les grains s'écrasent. Une femme à genoux dans l'herbe me montre comment faire en prenant les grappes une à une :

– Il faut les transvaser à la main et regarder qu'il n'y ait pas trop de bestioles dedans : ça grouille de mille-pattes et il y a quelques coccinelles…

Je la regarde faire et reproduis ses gestes. Des dizaines de mille-pattes courent sur

les grappes. Je les fais tomber dans l'herbe. S'ils restaient sur le raisin, ils seraient vinifiés en cuve. La dame à côté de moi :

– C'est le sucre qui doit les attirer… Mais pourquoi les mille-pattes et pas les autres ?

Personne autour ne sait.

Mon seau vide, j'aide à charger les caisses rouges à l'arrière de la « voiture-remorque » de la ferme. J'appelle le véhicule « pick-up » à défaut de savoir comment le nommer, car il ressemble effectivement à un pick-up américain sans surélévation ni maxi-amortisseurs. Il y a juste un grand plateau à l'arrière. Avec un autre garçon, nous entassons les caisses. Puis je récupère mon seau et m'en vais retrouver Jean-Michel et Dominique. On passe encore vingt minutes dans notre rang de raisin blanc. Quand on regagne l'entrée de la vigne, le plateau est garni de caisses. On ne voit plus la cabine du conducteur.

Rodolphe réapparaît, le pas rapide parce qu'il doit être partout à la fois, mais toujours souriant. Je ne l'ai pas revu depuis que l'on a commencé il y a plus d'une heure. Il nous regroupe autour de lui :

– On passe aux choses sérieuses, maintenant… On enchaîne sur le raisin rouge.

Il n'y avait que douze rangs de blancs. Il y en a quarante-six de rouges.

– Le rouge demande plus d'attention pour être récolté, parce que vous ne devez pas mettre toutes les grappes dans vos seaux… S'il y a des raisins rosés ou encore verts sur une grappe, vous la mettez par terre…

– Pourquoi donc ? demande quelqu'un.

– Ce sont des grains qui ne seront mûrs que dans quarante jours… Ils donneraient de l'acidité au vin si on les mettait dans la cuve de fermentation.

– On peut les manger, alors ? demande un autre.

– Ça va vous faire tout acide dans la bouche…

Une dame aux cheveux teints en blond déclare :

– Moi, je suis fatiguée… Je vais rester assise.

Et, d'autorité, elle se laisse tomber dans une chaise de jardin.

Le soleil est haut maintenant. Nous nous attaquons au raisin rouge. Comme beaucoup, j'ai quitté ma veste. Vu le nombre de rangs, nous savons déjà que nous n'aurons pas terminé pour le déjeuner. Ce n'est pas grave. Il vaut mieux récolter le rouge quand il fait chaud. L'œnologue qui conseille Rodolphe m'a appris cela quelques jours auparavant.

Je suis venu à Mérouville une première fois dix jours plus tôt. Ce jour-là, l'œnologue était venue rendre visite à Rodolphe. Elle l'épaulait dans sa culture de la vigne depuis plusieurs mois, le conseillait sur la maturité des grains, le taux de sucre et tout un tas d'autres paramètres techniques. Arrivée en retard, elle s'était excusée. Au moment des vendanges, son agenda n'est qu'une liste sans fin de rendez-vous avec des vignerons. Même les dimanches son téléphone sonne. Au cours de la visite, elle avait dit : « Pour la vendange de rouge, faites ça l'après-midi quand il fait chaud... Pour votre blanc, par contre, vendangez plutôt le matin, à la fraîche. » Je lui avais demandé pourquoi. « Pour se rapprocher des températures de fermentation : le rouge fermente aux alentours de 25 degrés en cuve et le blanc entre 16 et 18 degrés. »

Rodolphe lui avait tendu une feuille couverte de chiffres : un relevé d'analyses de ses raisins. L'experte l'avait parcourue des yeux : « L'acidité de vos raisins n'est pas haute. C'est logique pour de jeunes vignes. » Nous nous étions rendus tous les trois sur sa parcelle en prenant la voiture. Sur la route, elle avait demandé : « Vous avez évité l'oïdium sur votre chardonnay ? » Rodolphe avait confirmé. L'oïdium est un champignon qui recouvre de pelure blanche les feuilles et les raisins. La vigne semble alors avoir été saupoudrée de sel.

Une fois sur place, l'œnologue s'était mise à arpenter les rangs de vigne et à scruter les raisins. Elle en avait goutté un qu'elle avait recraché dans l'herbe. « C'est conforme aux analyses », elle avait commenté. Au loin, dans un champ voisin, un tracteur soulevait des gerbes de terre brune. L'experte avait encore marché tout un moment dans les rangs et puis elle avait demandé :

– Vous voulez vendanger quand ?

– Je pensais faire ça le jeudi 3 ou le vendredi 4 pour le raisin rouge... avait suggéré Rodolphe

– Ce serait trop tôt à mon avis... Faites ça plutôt le dimanche 6.

C'est elle qui avait décidé de la date.

Retour à nos vendanges. Je troque mon seau pour un sécateur et pénètre dans un rang de vigne au hasard. J'ai de la sueur aux aisselles et le front humide. Un couple de retraités est déjà au travail dans le rang où je me suis aventuré : ce sont les beaux-parents de Rodolphe. Ils sont pleins de sourires et de gentillesse. Lui a une casquette. Elle porte des lunettes teintées qui dissimulent un peu ses yeux. Le beau-père jette une grappe dans le seau de sa femme :

– Elle est belle, celle-là... Ce pied a sacrément bien donné, dit-il en le montrant de la pointe du sécateur.

Je n'aperçois qu'à demi son visage à cause de l'ombre des feuilles.

LES GRAINS SONT ROUGES ET SOMBRES. RIEN QU'À LES PRESSER ENTRE LE POUCE ET L'INDEX, ON SENT QU'ILS SONT MÛRS

Je coupe ma première grappe. Les grains sont rouges et sombres. Rien qu'à les presser entre le pouce et l'index, on sent qu'ils sont mûrs. Comme pour le blanc, je croque un grain. Le jus est très sucré. Je dépose la grappe dans mon seau, coupe encore celles qui restent sur le pied et passe au suivant. Sur celui-ci, la plupart des raisins ne sont pas mûrs. Beaucoup de grains sont encore verts et durs au toucher. Le beau-père les coupe et les laisse tomber à terre :

– C'est quand même dommage de laisser tout ça.

Nous passons aux pieds suivants.

Les cépages choisis par Rodolphe sont du chardonnay pour le blanc et du pinot noir pour

le rouge. Le vigneron a calqué ce qui se faisait dans l'est de la France, où le climat est similaire à celui de la Beauce : hivers rigoureux et étés secs et sans fraîcheur. En Bourgogne, en Champagne et en Alsace, ce sont ces deux cépages que l'on retrouve souvent. La différence avec ces régions, c'est qu'ici, la terre est bonne. On n'appelle pas l'endroit « le grenier à blé de la France » pour rien. La vigne pousse d'ordinaire sur les mauvais sols. Ceux pleins de cailloux. Les racines peuvent aller jusqu'à 14 mètres de profondeur pour trouver de quoi nourrir le pied. Parmi les vendangeurs, ce matin-là, se trouve Patrice Marcoue, le caviste qui anime le club de dégustation où Rodolphe et Dominique se sont rencontrés. Il a une phrase qui illustre bien la chose : « La vigne, elle doit souffrir pour être bonne. »

« ON A RÉCOLTÉ 180 KILOS DE BLANC. C'EST UN PEU MOINS QUE CE QUE J'ESPÉRAIS... ÇA DEVRAIT FAIRE DANS LES 200 BOUTEILLES »

Auparavant, sur la parcelle où il a planté sa vigne, Rodolphe cultivait du blé, de l'orge et des betteraves. Les rendements n'étaient pas terribles sur ce bout de terre. C'est pour cela qu'il a choisi ce coin.

Les beaux-parents et moi, nous continuons de travailler ensemble sur le même rang. J'ai opté pour la technique de Dominique : les deux genoux au sol. Eux restent debout, à demi courbés. Après quarante minutes, le beau-père s'arrête, le souffle sonore. Le mal de dos commence à l'envahir :

– Je vais faire une petite pause...

Il a 70 ans passés. Comme tout à l'heure, des bribes de discussions nous parviennent des autres rangs. Une voix d'homme est en train de dire : « L'armature béton, c'est un secteur qui change en permanence. C'est le modernisme. Faut suivre, sinon on se fait baiser... »

Juste derrière nous, un couple de trentenaires s'active. Complices. Il a la chevelure grisonnante qui lui donne un air de George Clooney. Elle a de longs cheveux châtains et les yeux qui sourient. Trois gosses papillonnent autour d'eux. Ce sont leurs enfants, Léo, Lila et Aloïs. Deux garçons et une fille. Lila, celle du milieu, ressemble à un décalque miniature de la maman. Quand un seau est plein, les enfants l'apportent à l'avant de la vigne et le ramènent vide. Les deux grands sont pleins d'entrain. Le petit, qui a 4 ans, commence déjà à fatiguer. Il se niche dans les jambes de sa mère : « J'en ai marre et je m'ennuie... »

Le couple doit connaître les beaux-parents de Rodolphe parce que, soudain, le père de la petite famille s'approche de notre rang en se composant une mine outrée. Il interpelle le beau-père qui repose son dos :

– Qui c'est qui a fait ce rang-là ?... C'est toi ?... Je veux pas dire mais t'as oublié plein de raisins... Tu parles d'un travail !

Il soulève une feuille derrière laquelle a été oubliée une petite grappe.

– Les anciens, vous avez de sacrés problèmes de vue... dit encore le papa.

Le beau-père rigole :

– Ah, cet Alex ! C'est un bon ! Il en rate jamais une...

On reprend notre travail. Peu après, les trois gosses abandonnent leurs seaux pour rechercher des coccinelles et des coquilles d'escargots.

À midi, nous nous arrêtons et regagnons l'orée de la vigne où nous attend Rodolphe. Nos mains sont rouges et collantes de sucre. Une bonbonne d'eau a été posée sur une table pour qu'on puisse se décrasser les doigts. Rodolphe annonce :

– On a récolté 180 kilos de blanc. C'est un peu moins que ce que j'espérais... Ça devrait faire dans les 200 bouteilles.

Une dame se penche à l'oreille d'une autre :

– On peut réserver des bouteilles dès maintenant ?... Ça va vite partir.

Pour cette première année de vendange, Rodolphe ne compte pas produire plus de 1 100 bouteilles, blanc et rouge confondus. Il sait qu'il lui faudra plusieurs années pour produire des quantités de vin plus importantes et gagner en qualité. À terme, il souhaite produire entre 7 500 et 10 000 bouteilles. Il les vendra dans la région. Chartres, la préfecture de l'Eure-et-Loir, est à 40 kilomètres. Dreux et Châteaudun sont à 80 et 60 kilomètres. Rodolphe espère que les cavistes et les restaurateurs de la ville-préfecture lui prendront des bouteilles en jouant « la carte du local ». Plus tard, si cela marche, il pourrait pousser son périmètre de commercialisation jusqu'à Orléans et Étampes.

Pour regagner la ferme de Rodolphe, il faut rouler quelques minutes en voiture. Je monte dans celle d'un oncle de l'agriculteur-vigneron. L'oncle porte une moustache blanche et une chemisette à rayures. On roule sur un chemin de terre. À perte de vue autour de nous, ce sont des champs de betteraves et des parcelles de pommes de terre. Au loin, on aperçoit des éoliennes et des lignes haute tension. De la main, l'oncle désigne un champ :

– Les betteraves ont toutes la jaunisse cette année. Si c'est pas malheureux... Tout est foutu...

À cause des ornières, nos têtes bringuebalent sur nos épaules. L'oncle poursuit :

– C'est à cause des conneries des écolos... Ils sont tous à Paris, ils ont pas les pieds sur terre. C'est que des intellectuels qui n'y connaissent rien... Tout ça, ça va donner 30 tonnes[3] alors que ça doit en faire 85 normalement.

Il fait référence à l'interdiction des néonicotinoïdes, des pesticides très utilisés dans l'agriculture depuis les années 1990. Le gouvernement a décidé en 2018 de les proscrire pour protéger les abeilles. L'oncle souffle dans sa moustache : « On n'est plus dans le coup, avec la mondialisation... On a des coûts qu'on ne peut pas réduire. Du coup, on fait venir du sucre d'Argentine en France. Si c'est pas triste... »

Il est 12 h 20. Dans l'un des bâtiments de la ferme, Rodolphe a installé son chai, l'endroit où se déroule la vinification – c'est-à-dire la transformation du jus de raisin en vin. Autrefois, le chai de Rodolphe était une bergerie.

Je pénètre dans le bâtiment avec tous les autres vendangeurs de ce matin. Il flotte une odeur de neuf et d'humidité. On pourrait se croire dans une église tellement le plafond est haut. La dalle du sol a été refaite, les murs ont été décrépis. Tout au fond se dressent quatre grandes cuves en métal étincelantes qui ressemblent à des silos miniatures. C'est dans ces cuves que le jus se transformera en raisin.

Au centre de la pièce trône le pressoir. C'est un gros insecte de métal aux allures de citerne. Un long tuyau le relie aux cuves. À son sommet, le pressoir est percé d'une trappe. Rodolphe est juste à côté. Je me rapproche. Les quarante vendangeurs de ce matin aussi. La plupart d'entre nous n'ont jamais assisté au pressage. Le vigneron saisit une caisse pleine de raisins encore sur leurs grappes. Il ouvre la trappe. On retient notre souffle comme si on participait à quelque chose de très important. D'un geste, il déverse le contenu. La toute première caisse de sa nouvelle vie de vigneron. On applaudit. Une dame s'enthousiasme :

– On pourra dire qu'on était là !

Rodolphe déverse d'autres caisses dans le ventre du pressoir puis il referme la trappe.

– Fermez les écoutilles ! hurle un homme, comme si on était sur un bateau.

– On est sûr qu'il n'y a pas d'enfants dedans ? plaisante un autre.

Toujours cette ambiance de colonie de vacances.

Rodolphe presse un bouton. Le pressoir se met en route. La citerne pivote sur elle-même comme la benne d'un camion à ciment. Le moteur grogne. On retient à nouveau notre respiration. Personne ne sait bien ce qui doit se passer exactement. Rodolphe s'accroupit, les yeux rivés sous la citerne du pressoir. Tout en dessous, presque au ras du sol, se trouve un panneau de métal incliné. C'est ce que scrute Rodolphe, les yeux en fentes comme un chat devant un oiseau. Avec lui, nous regardons le panneau de métal. Je n'ai aucune idée

3. À l'hectare.

« MOI, JE N'ENLÈVE PAS LES COCCINELLES ET LES PERCE-OREILLES… ÇA DONNERA PLUS DU GOÛT AU VIN », PLAISANTE UNE VENDANGEUSE

de la suite. Il s'écoule quelques secondes, puis, tout à coup, Rodolphe gueule de joie :

– Ça coule ! Ça coule !

Un liquide jaune et clair tombe à faibles gouttes sur le panneau incliné. On dirait de la pluie sur le pare-brise d'une voiture. C'est le jus du raisin ! Un petit frisson de satisfaction traverse notre assemblée. « Ça coule ! » on répète pour ceux du fond. Léo, Lila et Aloïs, les trois enfants du couple de tout à l'heure, se sont assis par terre pour regarder au plus près le jus couler. Ensuite, une pompe reliée au pressoir expédie le liquide jaune dans l'une des cuves. Quelqu'un apporte un verre à Rodolphe. Il y verse un peu de ce liquide et porte le verre à ses lèvres.

– Alors ? on demande.

Lui, stoïque :

– Bah, c'est du jus de raisin, quoi… C'est sucré…

Nous applaudissons de nouveau, comme si nous assistions à la naissance d'un enfant.

C'est maintenant l'heure de déjeuner. Nous sommes tous affamés. Dans un hangar de la ferme, des tables ont été dressées avec des nappes en papier. Au menu, buffet froid : terrine, taboulé, charcuterie, salade de pommes de terre, melon… Ceux qui ont des enfants les installent en bout de table, avec des chips et des verres de jus de fruits. Les gosses dévorent sans parler. Leurs doigts laissent des traces de gras sur la nappe. Je me pose à une table avec Alexandre et Audrey, le couple du matin. On discute. On se ressert plusieurs fois du pâté et de la tarte. Il y a des bouteilles de vin sur les tables.

Sur les coups de 15 heures, la voix de Rodolphe claironne dans le hangar-cantine :

– Il faut y retourner si vous ne voulez pas y être encore cette nuit !

On finit nos cafés en vitesse et on se lève. Un petit groupe rendu guilleret par le repas regagne les voitures en sifflotant l'air de *La Septième Compagnie*. Les autres suivent. En quelques minutes, le lieu se vide. Ça fait soudain tout drôle ce silence imposant dans le hangar. Je suis parmi les derniers avec Alexandre et Audrey. Je ne sais pas où est passé l'oncle qui m'a conduit ce matin. Le couple me propose de m'emmener dans sa voiture. C'est à ce moment qu'apparaît la belle-mère de Rodolphe, avec qui j'ai récolté le raisin rouge ce matin.

– On y va ! lui lance Audrey.

La dame se fige et regarde autour d'elle :

– Mais j'ai même pas eu le temps de finir mon café !

Elle se retourne vers le parking des voitures :

– Et puis, j'ai plus de chauffeur… Celui de ce matin est déjà reparti.

Karine, sa fille et l'épouse de Rodolphe, apparaît à ce moment-là :

– Je vais t'emmener, maman, ne t'inquiète pas… Je finis juste de ranger.

La mère sourit à la fille :

– Je vais t'aider… Et puis je prendrais mon café tranquillement comme ça.

Je monte dans la voiture d'Alex et d'Audrey et nous filons par les chemins, leurs trois enfants bien assis à l'arrière.

Quand on arrive, les autres vendangeurs ont déjà repris le travail. Le couple et sa progéniture disparaissent dans un rang. Je reste à l'entrée de la vigne où je me remets à vider les seaux dans les caisses rouges. À genoux dans la terre, comme ce matin.

Le ciel s'est assombri. Dans un champ au loin, des glaneurs ramassent les pommes de terre oubliées par un tracteur.

– Pensez bien à enlever les coccinelles et les perce-oreilles ! conseille une dame à tous ceux qui, comme moi, vident les raisins des seaux.

– Moi, je ne les enlève pas… Ça donnera plus du goût au vin, plaisante une autre femme au foulard coloré.

C'est Monique, la maman de Rodolphe. Elle a 72 ans. C'est elle qui a planté les pieds de vigne avec son fils et son mari.

– Depuis trois ans, on a sacrément aidé pour qu'elle voie le jour, cette vigne, elle dit, pleine de fierté.

– Vous travailliez à la ferme avant votre retraite ?

– Non… J'étais professeur de chimie pour des terminales S et des BTS, elle répond.

Un type passe nous avertir :

– Faut accélérer, la pluie va nous tomber dessus sinon…

Nous levons la tête. Un vilain nuage, noir et compact, stagne au-dessus de nous. Plus tard, nous voyons quelques oiseaux filer dans le ciel. Leurs silhouettes font de minuscules lignes noires dans le gris gigantesque du ciel de Beauce. Monique les observe glisser entre les nuages :

– On a eu 300 cigognes à Mérouville, cet été… Je peux vous dire que c'était impressionnant ! Il y en avait sur le toit de l'église et dans le cèdre en face de notre maison.

– Qu'est-ce qu'elles faisaient là ?

– Elles descendaient vers le sud !... Les cigognes sont des oiseaux qui n'ont pas de graisse : elles doivent faire des pauses pour manger, pas comme les hirondelles...

Je fais des yeux étonnés.

– Elles sont plus grasses et peuvent voler des kilomètres sans s'arrêter.

Nous sommes interrompus par une dame qui arrive vers nous. Elle porte un seau garni de raisins qui la fait pencher sur le côté.

– Ils vont avoir ma peau ! elle soupire.

Plus tard, un autre homme vient chercher un pansement. Il s'est coupé avec son sécateur.

À 16 h 30, il reste encore deux rangs de raisins à faire. Tout le monde se met dessus.

LE RAISIN ROUGE NE SE VINIFIE PAS DE LA MÊME FAÇON QUE LE BLANC. C'EST LA PEAU DU RAISIN ROUGE QUI CONFÈRE SA COULEUR AU VIN

À 16 h 50, tout est fini.

Nous regagnons l'entrée de la vigne et contemplons notre travail : des dizaines et des dizaines de caisses de raisins trônent sur le plateau arrière de la voiture. D'autres, encore au sol, attendent d'être chargées. On se sent heureux et satisfaits. Nos corps portent l'odeur de la sueur et du grand air.

Soudain, la tension et l'excitation de la journée retombent. J'ai envie de faire la sieste. Une voix me ramène à la réalité de la vigne : « Bordel de merde ! » vient de lâcher quelqu'un. C'est la vieille guimbarde de la ferme qui ne veut plus démarrer. Elle est là, immobile dans la terre du chemin. Quatre hommes se mettent à la pousser. Le moteur finit par repartir. La voiture disparaît dans un virage. Le ciel est bas, très gris. Au-dessus de nous, les nuages ressemblent à des croûtes de sel.

Il est un peu plus de 17 heures lorsque l'on revient au chai. À l'intérieur, le pressoir a été remisé dans un angle. À la place a été installé un engin qui fait un bruit d'avion au décollage. Il a l'aspect d'un tambour de machine à laver long de près de deux mètres. C'est un égrappeur, il sert à séparer les grains des « rafles », c'est-à-dire des grappes nues. Je regarde dedans : l'intérieur est hérissé de tiges en plastique fixées sur un axe rotatif. Les tiges tournent en sens contraire. C'est leur action qui détache les grains des rafles.

Nous n'avons pas utilisé l'égrappeur ce matin pour une raison : le raisin rouge ne se vinifie pas de la même façon que le blanc. Chacun obéit à un processus distinct. Les grappes de blanc sont mises tout entières dans le pressoir, branches et rafles comprises, et le jus qui en sort est aussitôt mis en cuve. C'est ce que j'ai vu ce matin. Les grains de raisin rouge, en revanche, doivent être séparés de leurs rafles, puis mis en cuve sans avoir été pressés. Ce n'est qu'une semaine plus tard qu'ils le seront.

Pourquoi une telle différence de traitement ? Parce que c'est la peau du raisin rouge qui confère sa couleur au vin : s'il était pressé sans elle, ce serait du jus blanc. Ensuite, le raisin blanc comme le raisin rouge doivent fermenter trois semaines en cuve.

Je regarde autour de moi. Une organisation bien huilée a été mise en place pour alimenter en continu l'égrappeur en raisins. À une extrémité du chai, un jeune garçon pèse sur une balance les caisses pleines. Il inscrit le poids de chacune dans un cahier. Une fois cela fait, elles sont transportées jusqu'à l'égrappeur. Là, des hommes les vident dans le ventre de la machine sans jamais s'arrêter. Cela ressemble à du travail d'usine. Mais avec des éclats de rire et des blagues qui fusent. Rodolphe est posté juste à côté, à surveiller la « sortie » : l'extrémité de la machine d'où nous reviennent les grains seuls. Une mélasse violette coule dans une sorte de caisson en métal fixé sous l'engin. Ce caisson est rattaché à une pompe qui expédie dans un tuyau la mélasse jusque dans l'une des cuves de fermentation. Les vendangeurs, nous regardons ce petit théâtre avec des yeux curieux. Parmi les spectateurs, j'aperçois Audrey. Aloïs, son petit de 4 ans, a la tête molle de sommeil sur l'épaule de sa mère. Tout à l'heure, il s'est endormi dans la voiture.

Rodolphe hurle quelque chose. Nous n'entendons pas à cause du bruit de l'égrappeur. Il crie plus fort :

– Stooooop !

Quelqu'un presse un bouton, la machine cesse de tourner. Rodolphe s'agenouille. Il regarde le caisson et la pompe, le visage soudain soucieux :

– Ça ne va pas. On a un problème de vitesse de rotation, les batteurs tournent trop vite. Les grains n'ont pas le temps d'être séparés des grappes, tout tombe ensemble...

Un homme au collier de barbe blanche et en polo à manches courtes accourt pour lui donner un coup de main. C'est Gérard, son père. Durant un quart d'heure, lui et son fils curent le tambour de la machine et nettoient le caisson. Ils dégagent les rafles passées entières et les jettent dans une bassine. Leurs avant-bras sont striés de coulures rouges comme s'ils accouchaient une génisse.

Puis Rodolphe annonce que l'on reprend. Le grognement de l'égrappeur se fait à nouveau entendre. Le père se met en bout de machine, à genoux sur le sol. De ses mains, il attrape les rafles dénudées qu'il continue de jeter dans la bassine. Rodolphe scrute la machine de longues minutes pour voir si tout fonctionne. Indifférente à la scène, une dame apostrophe un vieux monsieur qui regarde le spectacle depuis une chaise :

– Dédé, tu veux une bière ?

Dehors, dans la cour de la ferme, un godet de pelleteuse a été posé. Il sert de poubelle. C'est là que l'on déverse les déchets de la vigne : les rafles, les peaux, les pépins... Tout ce qui est solide et qui n'est pas mis en cuve. On appelle ça les « sous-produits » de la vigne. Je pensais que tout cela finissait à la décharge publique ou dans les champs. Rodolphe me corrige :

– Il y a encore de l'alcool dedans... Les douanes les contrôlent et les taxent.

Ces déchets doivent obligatoirement être livrés à une distillerie ou à une entreprise de méthanisation. Il en a trouvé une à Vouvray, dans les environs de Tours, à 150 kilomètres.

Pour la seconde fois en une demi-heure, sa voix se fait entendre par-dessus le boucan : « On arrêêête ! » Les grains ne se séparent toujours pas correctement des rafles.

– Ça bloque quelque part ! lance une voix.

– Faut aller chercher un fil de fer pour curer la pompe ! dit une autre.

Une troisième :

– Moi, je vais boire un godet en attendant !

Rodolphe inverse le sens de circulation de la pompe. Celle-ci se met à recracher dans le caisson une purée rouge chargée de grumeaux. Il y a visiblement un truc qui empêche la mélasse de circuler depuis l'égrappeur jusque dans la cuve à vin.

– On doit vider le tuyau pour trouver le bouchon... annonce Rodolphe.

Cinq personnes se mettent à vider le caisson à la main tandis que d'autres purgent le tuyau. Gérard, le père, cure la sortie du caisson avec un tournevis. Une matière dure et compacte empêche le jus de circuler : ce sont les grappes agglomérées qui se sont transformées en une matière dure comme du granit. Puis il tente de dévisser le tuyau fixé au caisson. Ça tourne dans le vide.

– Bordel de merde... C'est comme une vis sans fin, il s'exaspère.

Son petit-fils lui rapporte des tournevis de différentes tailles pour curer encore. En retrait, je croise le beau-père de ce matin qui observe la scène :

– C'est le souci, quand c'est la toute première fois… On découvre en même temps que l'on fait.

Tout cela dure encore un long moment. Les hommes ont beau s'acharner, ils ne parviennent pas à réparer. On en vient à se dire que c'est la pompe qui a un défaut de conception au niveau du joint. Finalement, on procède à l'ancienne : à la main et avec des seaux que l'on vide directement dans la cuve. Il est 20 h 30 quand tout se termine.

Le lendemain, je suis de bonne heure à la ferme. Tout est calme. On entend juste le ronflement d'un moteur, au loin, dans un jardin voisin. Nous sommes lundi, et tous les vendangeurs de la veille ont disparu. Il ne reste que Rodolphe, ses parents et le jeune ouvrier agricole qu'il emploie à l'année. Tout a été nettoyé, les tables du déjeuner ont été remisées.

C'est désormais la vinification qui commence : la transformation du sucre des raisins en alcool. Le processus est délicat.

– La vinification est plus aléatoire, pour moi, que la culture de la vigne, me dit Rodolphe. C'est un moment très important parce qu'une bonne vinification peut rattraper un raisin qui n'est pas terrible.

On est dans le chai.

– On va vérifier la teneur en sucre des cuves… Je dois faire ça tous les jours à partir de maintenant, me dit Rodolphe.

Il me tend un densimètre. C'est une sorte de gros thermomètre long comme une moitié de bras d'homme. Je le plonge dans un échantillon de raisin rouge que j'ai versé dans une éprouvette et annonce la température : cela équivaut à 14 degrés d'alcool.

– C'est élevé, dit Rodolphe. Je pensais qu'on serait aux alentours de 12 ou 13 degrés seulement.

Un vin ne peut pas faire plus de 15 degrés. Au-delà, il est considéré comme un alcool fort. Ensuite, nous mettons une marmite d'eau à chauffer dans laquelle nous ajoutons du sucre et une levure spéciale. On fait peu à peu baisser la température de la mixture. Quand elle sera proche de la température de la cuve de raisin rouge, on l'y versera. La levure « travaillera » le raisin pour lui donner des saveurs particulières : un goût de mûre, de bois, de fruits des bois… tout est possible. Nous faisons encore d'autres relevés. Et ma journée s'achève.

Rodolphe, lui, va répéter ces gestes presque tous les jours durant les semaines qui viennent. Son vin sera mis en bouteilles en janvier ou février. Je reviendrai le goûter au printemps prochain. ♦

ARTHUR FRAYER-LALEIX est reporter. Dans *J'ai vu des hommes tomber* (Don Quichotte, 2012), il dresse un tableau des précaires. Il a publié deux vastes enquêtes en immersion. La première, *Dans la peau d'un migrant* (Fayard, 2015), retrace son périple de Peshawar à Calais : il a voyagé grimé en clandestin pour approcher les passeurs. La seconde, *Dans la peau d'un maton* (*id.*, 2011), évoque le quotidien des gardiens de prison à Fleury-Mérogis et à Orléans, qu'il a partagé.

JULIETTE LAGRANGE est dessinatrice et illustratrice. Née à Lyon et petite-fille de vigneron, elle trouve son inspiration dans le Sud, au soleil. Diplômée de l'école Émile-Cohl en édition, elle se passionne pour l'aquarelle et pratique le trait à l'encre fin. Elle a notamment publié, en 2019, *Hulotte* (Kaléidoscope) et plus récemment, avec Laurent Souillé, *Milo, l'ours polaire* (L'École des loisirs).

LES FRANÇAIS ET LE VIN

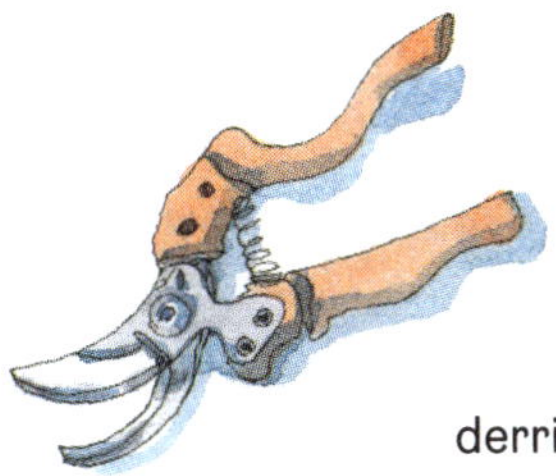

Les vignes représentent 3 % des terres agricoles et 1,3 % du territoire national, soit 744 812 hectares. C'est le troisième vignoble du monde en surface, derrière l'Espagne et la Chine.

On compte 65 000 exploitations viticoles en France. En 2019, la production nationale s'est élevée à 4,2 milliards de litres, soit 17 % du volume mondial, ce qui place notre pays en deuxième position parmi les producteurs, derrière l'Italie. Cette production est estimée à près de 14 milliards d'euros. Les entreprises de l'aval réalisent quant à elles un chiffre d'affaires global de 17 milliards d'euros.

Un Français boit en moyenne 40 litres de vin par an, selon l'Organisation internationale de la vigne et du vin, alors qu'il en buvait 100 litres en 1975. La consommation du pays a atteint 26,8 millions d'hectolitres en 2018. Ces données font de la France le deuxième pays consommateur derrière les États-Unis et devant l'Italie. Les Français achètent en grande distribution l'essentiel des vins qu'ils consomment à domicile (environ 70 % des achats). Par couleur, les ventes de vins tranquilles (non pétillants) se décomposent ainsi en 2019 : 55 % de rouge, 26 % de blanc, 19 % de rosé.

La France est également le premier exportateur mondial de vin en valeur et le troisième en volume. 30 % de ses vins sont exportés. Les trois principaux pays de destination sont l'Allemagne, les États-Unis et le Royaume-Uni. La Chine arrive en quatrième position. L'excédent commercial dégagé par le commerce des vins et spiritueux est de 8,4 milliards d'euros.

Sources : OIVV et CNIV

MA VILLE D'ENFANCE

Clermont-Ferrand

" Le revenant de l'Appart'City "

Récit de

FRANÇOIS TAILLANDIER

Page d'ouverture :

Clermont-Ferrand et sa cathédrale en pierre volcanique de Volvic se découpant sur le volcan du Grand Sarcoui.

© ARNAUD FRICH

Ci-dessus :

Le boulevard Pasteur en 1910 avec, sur la gauche, l'entrée de l'exposition coloniale.

© ARCH. DÉP. PUY-DE-DÔME / PHOTOTHÈQUE63 – ÉDITIONS VDC-ELD

QU'EST-CE QUE la demoiselle préposée à l'accueil des clients, à l'Appart'City du boulevard Pasteur, à Clermont-Ferrand, pouvait bien supposer à propos de ce monsieur à casquette qui, de loin en loin, réservait un studio pour deux nuits ?

Le plus probable est qu'elle ne supposait rien du tout, et même s'en fichait dans les grandes largeurs. Mais n'aurait-elle pas eu un frisson d'inquiétude si le monsieur à casquette lui avait dit ce qu'il était : un revenant ? Je me posais la question lors de mon dernier séjour à Clermont.

Le boulevard Pasteur traverse un quartier paisible, non loin du centre-ville mais cependant à l'écart. Des villas urbaines y furent édifiées à la fin du XIXe siècle et au début du XXe, certaines assez jolies. Sans doute des jardins furent-ils ensuite sacrifiés, au fil du temps, en sorte que des constructions plus tardives, et même assez récentes, alternent avec les vieilles façades décorées. C'est un quartier désuet, mais, serait-on tenté de dire, désuet par nature, suranné dès l'origine. Hors du temps. C'est peut-être pourquoi, lors de ce séjour, je m'y éprouvai comme un revenant.

Ce n'est pas la seule raison. Je ne séjournais plus à Clermont, de temps à autre, que pour m'occuper de quelques affaires familiales de plus en plus effilochées. Je constatais n'avoir plus, dans cette ville, que des souvenirs. J'en avais même à tous les coins de rue. Or, il est amusant, au passage, de se dire : « Tiens, j'avais une copine qui habitait là, rue Terrasse, au troisième... On écoutait des disques, on pouvait même faire du feu. » « Ah, là, c'était la librairie de M. Rome... Il était connu, Jean Rome. Dans sa toute petite librairie, on le trouvait, à toute heure, lisant ses livres. » Au bout de quelques reprises, cependant, cette captation par le passé est angoissante. Oui, j'étais un revenant. Plus rien ici ne m'advenait ou ne me pouvait advenir.

L'advenant : ce substantif n'existe peut-être pas, en ce cas je l'invente. Le passé n'est plus, l'avenir n'est pas encore, le présent est une illusion : il reste *l'advenant*.

Une jeunesse nombreuse - quelque trente mille étudiants de toutes disciplines - peuple aujourd'hui dans Clermont de vastes terrasses de cafés qui n'existaient pas lorsque j'étais étudiant moi-même. Ceux-là résident dans *l'advenant*, comme j'y existais ou résidais il y a plus de quarante ans. Ils n'ont plus ni nos vêtements, ni le même langage, ni les mêmes façons d'appréhender le monde. Il me semble que les filles cherchent davantage à être sexy ; les années soixante-dix, dans la foulée du mouvement hippie et des fariboles révolutionnaires, auraient vu là un signe d'aliénation à la société bourgeoise. Et l'on ne dira rien de l'indispensable smartphone... Nous en étions aux idées de Mai 68, aux diverses variantes du marxisme et de la révolution ; ils en sont plutôt au zadisme, à l'écologie, à l'interrogation sur les Big Data ou à Nuit debout. Qu'importe : c'est eux qui sont là, tout à l'advenant de leurs études, de leurs soucis, de leurs amours.

*

Peut-être, pour les revenants, le temps et la mémoire sont-ils plus vastes ? Ont-ils plus le loisir de s'y promener et d'y songer ? Je m'intéresse ici, par désœuvrement peut-être, à des traces sans conséquences du passé, des choses infimes. Non loin de l'Appart'City, il y a la maison d'un ferronnier d'art du début du XXe siècle, qui avait fait de sa façade une sorte de catalogue de ses capacités, avec des motifs végétaux, des volutes subtiles, des piques lancéolées, enfin de la ferraille forgée et tordue de toutes les façons. Un peu plus loin, on est en train de démolir les bâtiments de l'hôpital psychiatrique Sainte-Marie. Je me souviens que ma grand-mère appelait cet endroit le bois de Cros. « Celui-là, il est bon à emmener au bois de Cros ! » J'ai retrouvé cette dénomination, bien plus tard, sur une carte de la ville dessinée au XVIIe siècle. Les noms survivent longtemps : dans mon enfance, j'entendais encore appeler « rue Neuve » une artère tracée au XVIIIe siècle. Et personne ici ne saurait vous dire où est l'obélisque : lorsqu'il fut érigé, les Clermontois n'avaient de l'Égypte ancienne que des notions bien vagues et l'appelèrent, une fois pour toutes, la Pyramide. Le nom lui est resté.

L'ancienne gare routière, située dans les parages, est elle aussi en voie de mutation : elle va devenir un théâtre. Son superbe hall d'accueil, dû à un architecte du nom de Valentin Vigneron, sera préservé. Les bons observateurs notent qu'il a composé avec une série de « V » la décoration de la façade.

C'est à l'occasion des travaux préparatoires que l'on y a exhumé un splendide pied à sandale, en bronze, reste d'une statue colossale du temps des Romains, à présent exposé au musée Bargoin.

*

On n'a pas suffisamment conscience que le passé se transforme. Au musée archéologique, traditionnellement appelé le musée Bargoin, je contemple un squelette de jeune fille, inhumée en position fœtale quelque quatre mille ans avant notre ère ; une célèbre « mosaïque à la Gorgone », reconstituée verticalement au mur ; un extraordinaire Jupiter à cheval, terrassant un monstre anguipède (il est sans doute l'ancêtre de beaucoup de Saint-Georges, appelés parfois aussi Gorgon) ; et donc, cette trouvaille, ce pied géant dans sa sandale aux courroies minutieusement ornées. Ces objets, et nombre d'autres, n'étaient pas là il y a vingt ou trente ans, pour la bonne raison qu'on ne les avait pas découverts. L'archéologie préventive a fait évoluer à toute allure notre lointain passé.

Fils d'aubergistes de Vic-le-Comte, Jean-Baptiste Bargoin (1813-1885) devint pharmacien à Clermont et mit au point le produit qui devait faire sa fortune : un succédané de café, obtenu à partir de glands de chêne. On devine en lui le type du bourgeois éclairé et philanthrope ; une inscription sous son buste, sur la façade de la maison où il vécut, salue le « bienfaiteur des hospices ». Veuf et sans héritiers, il se fit évergète, léguant à la collectivité son domaine de Bellevue, à Chamalières (aujourd'hui le parc Bargoin), ainsi qu'une somme de deux cent mille francs pour que fût construit un musée des Beaux-Arts portant son nom. Ainsi fut fait ; dans mon enfance (et à mon souvenir), on y voyait surtout des tableaux pompiers.

NOUS NE PRÊTONS GUÈRE ATTENTION À CE QUE NOS PRÉDÉCESSEURS FIRENT POUR NOUS : LE LYCÉE EST LÀ, LE JARDIN EST LÀ, LA BIBLIOTHÈQUE EST LÀ… NOUS SOMMES DES ENFANTS QUI JOUENT ET TROUVENT NATUREL QUE QUELQU'UN AIT POURVU AU GOÛTER

Ce Clermont de la seconde moitié du XIXe siècle apparaît comme une ville ambitieuse, qui en quelques décennies s'enrichit des flèches de la cathédrale (signées Viollet-le-Duc), de la statue de Vercingétorix (signée Bartholdi), de son imposante préfecture, de l'Opéra municipal et du premier tramway électrique de France. Des édiles, sans doute tous barbus comme Bargoin, tous de bons notables, de bons bourgeois, des personnages de Flaubert en somme, sinon de Courteline, ont conçu ces projets, voté les budgets nécessaires, choisi les architectes et les sculpteurs ; ils ont disposé tout cela autour de ceux qui viendraient.

La plupart du temps, nous ne prêtons guère attention à ce que nos prédécesseurs firent pour nous : le lycée est là, le jardin est là, la bibliothèque est là... Nous sommes des enfants qui jouent et trouvent naturel que quelqu'un ait pourvu au goûter.

*

Je me demande pourquoi Vercingétorix a pu susciter un tel culte, très marqué ici (Gergovie n'est pas loin). Le soulèvement dont il se fit le chef ne dura pas plus de quelques mois. On sait qu'il ne fallut que six ans à Rome pour s'assurer la domination des Gaules, et qu'il n'y eut plus ensuite que des révoltes sporadiques. Dès l'an 69 de notre ère, le bon public de Lugdunum alla volontiers voir livrer aux bêtes le nommé Marice, après que les légions eurent exterminé du côté d'Autun les quelque huit mille paysans qu'il avait soulevés.

Oui, il est singulier que notre chère IIIe République se soit entichée de Vercingétorix, cet aristocrate chef de tribu, alors que logiquement, dans son désir d'ordre et d'administration, elle eût plutôt dû s'identifier à l'organi-

Page de gauche :

La statue de Vercingétorix sur la place de Jaude.

© ARNAUD FRICH

Ci-dessus :

L'un des premiers tramways électrique de la ville en 1893, à l'arrêt sur la place de Jaude.

© ARCH. DÉP. PUY-DE-DÔME / PHOTOTHÈQUE63 – FONDS LOUIS SAUGUES – PHOTOGRAPHIE ANONYME sation romaine. Plusieurs générations d'écoliers ont entendu magnifier la bravoure de nos ancêtres gaulois, leur goût ombrageux de l'indépendance, avant qu'on ne leur chante au chapitre suivant les merveilles de la Gaule romaine ; et personne ne semblait voir la contradiction.

La langue gauloise disparut, nous dit-on, assez rapidement et sans faire d'histoires, du moins dans le réseau des routes et des villes, c'est-à-dire ce qui était à l'époque le monde connecté. Un chroniqueur du début du IIIe siècle mentionne qu'une vieille femme s'est adressée en langue gauloise à l'empereur Julien, qui passait par là ; le fait lui paraît assez curieux pour mériter d'être noté, et Fustel de Coulanges ajoute que c'est, à sa connaissance, l'ultime mention d'un locuteur gaulois dans tous les documents dont nous disposons. Un autre auteur, Sulpice Sévère, évoque de son côté un nommé Gallus, qui vient des montagnes du centre, et qui s'excuse auprès d'amis bordelais de son mauvais langage. « Parle donc celtique, ou si tu préfères, gaulois ! » lui disent-ils. Le même Fustel de Coulanges fait observer que c'est par manière de plaisanterie ; la suite du dialogue montre justement que Gallus parle couramment le latin, mais, sans doute, avec un accent ou des tournures moins raffinées que chez ces Aquitains cultivés.

LES DIEUX PAÏENS PARAISSENT NATURELLEMENT CHEZ EUX EN AUVERGNE, PAYS DE LAVES, DE MAARS, DE GOURS PROFONDS, DE SOMBRES BOIS ET DE COMBRAILLES. C'EST QU'ILS EN ÉMANENT

La langue latine, adoptée au petit bonheur, serait mâchée et déglutie par des bouches et des gosiers gaulois, au point d'en être elle-même transformée. Que, s'il se trouva des esprits (parmi les druides, peut-être, que les Romains persécutèrent) pour percevoir cette dissolution et éventuellement s'en affliger, nous n'en avons aucune trace. Et pour cause : les Gaulois n'écrivaient pas. Régine Pernoud indique qu'ils utilisaient des lettres grecques dans le cadre du commerce et des finances. Mais il est singulier que des peuples parvenus à un degré de civilisation peu éloigné de celui de Rome, et qui savaient beaucoup de choses, n'aient jamais envisagé de soutenir par l'écrit la transmission de leurs traditions et connaissances.

*

Les dieux païens paraissent naturellement chez eux en Auvergne, pays de laves, de maars, de gours profonds, de sombres bois et de combrailles. C'est qu'ils en émanent. Borvo est un dieu lié à une source chaude ; il a légué son nom à La Bourboule, et au Bourbonnais. Galda, ou Galate, on ne sait pas très bien, a laissé le sien à la place de Jaude, centre de Clermont ; c'est bien tout ce qu'il a laissé. Quant au puy de Dôme, qui domine le panorama clermontois, il tire son nom d'un nommé Dumias, dont nous ignorons également tout, et qui céda aimablement la place à Mercure, lequel eut là-haut son temple et sa statue monumentale.

Mais tous ceux-là se laissèrent détrôner à leur tour, avec une facilité qui devrait nous étonner davantage qu'elle ne fait, par une religion beaucoup plus abstraite, et venue de loin. Ce n'était pourtant pas la simple substitution d'un nom à un autre, d'une déité à une autre déité à peu près semblable : ce fut un autre type de religion, un système de représentations et de pensée totalement différent. Cette considérable mutation se fit cahin-caha, en trois ou quatre siècles, ce qui est peu ; à croire avec Paul Veyne, le sceptique

Page de droite :

Au centre sur le banc, Jean-Baptiste Bargoin, pharmacien et philanthrope clermontois.

J'AIME BIEN CETTE ÉGLISE DE LEZOUX, OÙ MES ASCENDANTS ONT PRIÉ. C'EST LÀ, UN SOIR DE NOËL, QUE J'AI FINI PAR ME DIRE QUE J'ÉTAIS UN CHRÉTIEN

Ci-dessus :

Les poteries de Bort, près de Lezoux. Entre le Ier et le IVe siècle de notre ère, Lezoux fut un des plus grands centres de production de céramique de l'Empire romain.

© ARCH. DÉP. PUY-DE-DÔME / PHOTOTHÈQUE63 – ÉD. P. JULIOT ; G. DELAUNAY SUCC.

Paul Veyne, qu'une religion n'est rien de plus qu'une vérité imposée par des fanatiques à des indifférents.

Pour évoquer cela, il faut que je me déplace à vingt-cinq kilomètres de là, dans la petite ville de Lezoux, située sur l'itinéraire de Clermont à Lyon, où ma famille posséda une maison pendant quelque cent trente ans.

Construite au début du XIXe siècle, l'église de Lezoux eut le bon esprit de ne pas ressembler aux maigres répliques d'architecture gothique dont la France est parsemée. Elle est plutôt provençale. Elle a des colonnes classiques. Peut-être l'architecte qui la conçut songea-t-il qu'on était en pays romain. À Lezoux se voient déjà les génoises au bord des toits ; à Lezoux prospéra aux temps gallo-romains une florissante industrie de poteries. L'église de Lezoux appartient à un autre univers que celui de notre Moyen Âge, qui domine le reste de l'Auvergne.

Elle est romaine aussi, bien sûr, par sa dédicace à saint Pierre, dont on voit l'emblème (les clefs) sur la façade. Pourquoi ce choix ? Je l'ignore. Mais ici, on est clairement dans le catholicisme romain, on est chez des Gallo-Romains christianisés.

Combien de fidèles auront, toute leur vie, fréquenté cette église sans prêter attention au grand vitrail de l'abside, derrière le maître-autel ? Si je pose cette question, c'est que moi-même, je ne m'y suis intéressé que tardivement. On y voit un pape, reconnaissable à sa tiare, bénir des voyageurs – ce que signalent, à l'arrière-plan, des mâtures de bateaux. Nous sommes à Ostie.

L'inscription au-dessous est la suivante : *Sanctus Stremonius mittitur apud Arvernos*. Le nommé Stremonius, ou Austremoine, est envoyé « chez les Arvernes ». On a longtemps considéré que ce pape était l'apôtre Pierre lui-même. Le peu que l'on sait d'Austremoine et des six autres évangélisateurs des Gaules conduit plutôt à dater l'entreprise du IIIe siècle, mais le blason archiépiscopal de Clermont continue de conjoindre Pierre et Stremonius.

Il est plus que probable que ce dernier, venant de Lyon, ait fait étape à *Ledosum* ; en témoigne la légende de Gerlène et Fabius. Fabius, jeune officier romain, s'était épris de Gerlène, une petite bergère chrétienne. Et voici que des enragés chrétiens, les Polyeucte locaux, fomentèrent une émeute et mirent le feu aux temples païens. Averti par Gerlène que la majorité des chrétiens ne les soutenaient pas, Fabius tenta de s'interposer et de calmer le jeu. Il fut pris à partie et massacré par la populace païenne ainsi que par ses propres soldats. C'est alors que Stremonius, qu'on se disposait à supplicier, se pencha sur lui et prononça les formules du baptême. Un violent orage éclata à ce moment, éteignant tous les feux ; ce que voyant, la foule tomba à genoux et se convertit.

C'est un peu plus loin, à Issoire, que Stremonius connut le martyre, et que lui est consacrée une des plus belles églises romanes de la région. Lui comme ses acolytes parlaient latin en s'adressant aux populations, ce qui tend à donner raison à Fustel de Coulanges. Mais il est vrai que plus haut, dans les montagnes, l'évangélisation fut peut-être plus lente.

J'aime bien cette église de Lezoux, où mes ascendants ont prié, où mes enfants ont reçu le baptême. C'est là, un soir de Noël, que j'ai fini par me dire que j'étais un chrétien, parce que c'est une évidence, parce que c'est comme ça. Ici je songe à ce que les âges, les générations, le temps, ont installé autour de nous, qui sommes parfois si oublieux, si futiles.

Ci-dessus :

Saint Austremoine, vitrail de l'église de Lezoux.

*

Je ne savais pas, en commençant ces lignes et en évoquant « mon dernier séjour à Clermont » que ce serait peut-être bel et bien, en effet, le dernier. Je n'aurai guère désormais, pour retourner là-bas, d'autre motif que d'aller déposer, de loin en loin, des fleurs sur une tombe. Quant au petit nombre d'amis et relations que j'ai encore dans ma ville natale, et que je reverrais certes avec plaisir, justifiera-t-il à lui seul un séjour ? Voilà le genre de chose que l'on juge possible, souhaitable même, mais dont je soupçonne qu'en fin de compte, puisqu'on peut le faire à tout moment, ce n'est jamais le moment.

Et l'on ne sait pas, bien sûr, ce que l'avenir nous réserve, mais je crois néanmoins sans trop risquer d'erreur qu'il n'y aura là-bas, pour moi, plus d'advenant. Les études, les projets, les amours, les idées politiques bruiront sans moi dans de jeunes têtes et de jeunes corps aux vastes terrasses des nouveaux cafés. En suis-je triste ? Non. Nostalgique ? Non plus.

Peut-être un peu mélancolique. Je relis ce qui précède et me demande ce que j'ai voulu raconter, pourquoi il m'a plu, moi le revenant de l'Appart'City, de me souvenir de Jean-Baptiste Bargoin et des dieux gaulois, du vitrail de saint Austremoine et du nom d'un architecte, de l'adresse d'une copine et d'une librairie disparue. Je crois pouvoir dire, en fin de compte, que c'est un récit sur le passage du temps. ♦

FRANÇOIS TAILLANDIER est écrivain. Après avoir enseigné le français à Nantes et été journaliste à Paris, il se consacre pleinement à l'écriture. Grand Prix du roman de l'Académie française pour *Anielka* (Stock), il est notamment l'auteur de *La Grande Intrigue*, un cycle romanesque en cinq volumes, ainsi que d'un livre sur sa ville natale, *Clermont-Ferrand absolu* (Page centrale, 2011). Son dernier livre, *Edmond Rostand : l'homme qui voulait bien faire*, est paru en 2018 aux Éditions de l'Observatoire.

UN NOËL PAS TRÈS CATHOLIQUE

par NATHALIE RYKIEL

C'EST UNE FAMILLE pas catholique. Pourtant, le seul moment de l'année où ses membres se retrouvent au complet – il s'agit d'une grande famille –, c'est pour fêter Noël. Les femmes se voient bien sûr, le reste du temps ; certaines ne passent pas deux jours sans se parler, d'autres prennent des nouvelles régulièrement et affectueusement, les difficultés des unes sont les soucis des autres, les joies s'emmêlent aussi.

C'est une famille juive. Elles ne sont pas pratiquantes, elles ne vont pas à la synagogue sauf pour les très grandes occasions (bar-mitsvah, mariages, un rabbin officie aux enterrements).

C'est une famille juive qui se rassemble pour Noël. Chez l'aînée. Avec la dinde et les cadeaux. Avec le plaisir de se retrouver… et celui de râler. Chaque année, c'est le même bonheur et la même corvée.

D'abord, se mettre d'accord sur la date : le 25 étant réservé aux célébrations intimes, reste le 23 ou le 24… Pas si simple, certaines quitteront Paris, d'autres travailleront tard. Ensuite, sur le repas : la plus jeune rejette le dîner traditionnel – « Surtout pas de dinde aux marrons, Sonia, pas encore cette année » –, l'aînée ne se laisse pas faire, ce sera dinde aux marrons, marrons entiers et même, c'est tellement bon, purée de marrons. La cadette implore : « Pas de bûche hein Sonia, je déteste ça. » Trois bûches chocolat, passion, café et deux autres, glacées, trônent sur la table. Sonia adore ses sœurs mais elle adore les traditions et elle ne cède jamais, c'est un trait de caractère.

Troisième embrouille : les cadeaux. Cinq sœurs, leurs maris, compagnons, progénitures, ex-maris-amis et les promis… jamais moins de trente personnes. Et un cadeau par tête. Trente personnes multipliées par trente cadeaux. Bon, un seul cadeau par couple est recevable (là échouent généralement savons et bougies parfumées) mais pas quand il y a de véritables affinités. Quand il y a affinités personnelles, il y a cadeau personnel. Et puis, la génération suivante, grandie, reste à jamais « enfant » bien sûr, mais en âge d'offrir aussi…

La deuxième sœur ne pose jamais de problèmes. La troisième suggère de ne faire des cadeaux qu'aux enfants ; mais, jusqu'à quel âge est-on enfant ? demandent anxieusement certains adultes. La benjamine, sur cette question de l'âge, change d'avis d'année en année. La quatrième, la plus conciliante, tranche : « Chacun fait comme il veut. » Ce à quoi, évidemment, Sonia s'oppose : « On ne peut pas déséquilibrer l'équilibre, celui qui fait un cadeau doit en recevoir un. »

Et chacune arrive épuisée à la fête.

Entre-temps, le salon s'est métamorphosé en pochette surprise géante. L'aînée a glissé ses paquets dans des shopping-bags de sa marque, chaque prénom inscrit au feutre noir de sa main. Souvent une fleur artificielle relie les anses du sac, parfois elle ajoute un dessin, et ses présents, une fois disposés au sol, garnissent déjà la moitié de la pièce.

La maison est splendide. Les nappes en dentelle, les timbales de roses, les petites tables ajoutées,

Sonia Rykiel, fleur à l'oreille, entourée de ses quatre sœurs. © COLLECTION PRIVÉE DE NATHALIE RYKIEL

les jolies chaises en plus… et puis l'argenterie, l'or des fausses pièces en chocolat, les odeurs des mets délicieux prêts à sortir du four, les chaussettes géantes en laine rouge tricotées suspendues à la cheminée, et même ce sapin de plastique absurde (elle déteste les épines) qui ne sent rien de bon, une fois décoré par Sonia, frise l'œuvre d'art… et les bougeoirs les bougies les néons rouges le feu de cheminée parfument la soirée d'une promesse tendrement tribale et régressive.

C'est alors que les sœurs débarquent. C'est attendrissant et drôle de les voir arriver, courbées, chaudement couvertes, manteaux-gants-chapeaux, suivies-précédées de leurs maris, de leurs enfants, ployant sous le poids des sacs, ne disant pas tout de suite bonjour, ne levant pas encore les yeux, n'enlevant pas leurs habits, comme si elles arrivaient de Russie – cet atavisme, être couverts, porter quelque chose de lourd –, inquiètes avant tout de savoir où disposer leurs offrandes – non plus autour de l'arbre, il n'y a plus de place mais tout le long du salon –, soucieuses que l'on distingue bien leurs cadeaux, mais aussi de ne pas envahir tout l'espace, de ne pas oublier une babiole au fond d'un sac, d'avoir veillé à retirer les prix et tout soigneusement étiqueté – « Nathalie, t'as pas un stylo ? »

Satisfaites, tranquilles, délivrées quand leur étalage est achevé, levant alors les yeux, admirant les lieux, les lumières, et s'embrassant. Ensuite seulement, elles se déshabillent. Sourires, baisers. Très contentes. Les manteaux dans la chambre. Une si grande famille, on en a de la chance. Les enfants deviennent rapidement fous. Tous ces trésors empilés qui portent leur nom, les repérer, les compter, dans cette précipitation ils escaladent, trébuchent – « Tu as vu, il y en a un autre là, regarde, si, c'est mon nom » –, ils évaluent, soupèsent, comparent et attendent… le supplice du dîner.

La distribution commence avant le dessert, une fois la dinde terminée. On a eu beau nommer au départ un ou une responsable de la répartition, cela devient vite l'affaire de tous. Chacun déniche, déchiffre les prénoms, s'apostrophe… En deux minutes, le salon se transforme en souk – et ça lui va bien –, le sol jonché de papiers – de cartons – de ficelles, de modes d'emploi et de piles introuvables qui ont roulé sous les coussins léopard, d'enfants qui hurlent de plaisir ou taisent leur déception, et les adultes, après la bûche… pareil. Il y a ceux qui déchirent immédiatement les emballages, ceux qui font leurs tas et zyeutent d'abord les cadeaux des autres. « Sonia merci, je l'adore il est superbe – ce sac, ce pull – mais… tu crois que je pourrais le changer ? »

Échanger, confondre voire diviser les sœurs ? Impossible. Elles sont aussi différentes que les cinq doigts d'une main mais c'est une sororité soudée, indéfectible et solidaire. Chacune, sous les yeux des autres, forte de l'exemple des autres, a choisi sa vie, s'est inventé son destin, s'est fabriqué un nom.

Les cinq filles de la famille Flis naissent en France (leurs parents et grands-parents ont immigré de Russie et de Roumanie) et leur réussite, il faut le dire, est aussi celle d'une France bienveillante, accueillante, généreuse, d'une France qui éduque.

Janine, la seconde, veut être danseuse classique. Mais elle transforme son rêve et fonde avec ses trois enfants et son mari l'institut de danse Stanlowa, qui acquiert une réputation nationale. Elle mourra la première, au cœur de l'été, un 25 août, comme ma mère.

Françoise, la troisième, aime la France. Elle est ethnologue et anthropologue, directrice d'études à l'EHESS, spécialisée dans l'étude des villages ruraux français.

Danièle incarne la bohème. Fantasque, créative, célibataire, elle est costumière de cinéma, puis dirige le département accessoire chez Sonia Rykiel.

Muriel la dernière, dix-huit ans d'écart avec l'aînée, rousse comme elle, toujours à l'écoute des autres, devient psychiatre, membre de la Société psychanalytique de Paris, attachée à l'hôpital Necker, enseignante à l'université Paris-Descartes.

Ma mère, déclarée à l'état civil, Sonia, Annie Flis, incarne le rôle incontesté de chef de famille, de protectrice ; elle assume fièrement son succès de créatrice de mode et sa notoriété de personnalité française.

Enfant, pendant la guerre, pour dissimuler ses origines slaves, on l'appelait Annie, et ce second prénom lui est resté. À 23 ans, elle épouse mon père, Sam Rykiel, qui lui dit : « Sonia, c'est tellement plus joli qu'Annie. »

Et c'est dans cet amour-là qu'Annie Flis devient Sonia Rykiel.

Un soir de décembre, « les sœurs Rykiel » (comme on désignait la tribu ou chacune s'était fait un nom) se retrouvèrent comme chaque année chez la première née pour fêter Noël, sans imaginer que ce serait la dernière fois. Atteinte de la maladie qui avait déjà anéanti leur mère, Sonia, leur forteresse, leur bouclier, était maintenant à bout de forces… elle ne supportait plus aucune agitation. Mais elle s'accrochait. Plus elle se déglinguait et plus elle s'accrochait. C'était son caractère, sa façon de rester vivante. Rester vivante, c'était être au cœur des sœurs, au centre des enfants, des cadeaux, des nourritures, des lumières. Le centre, c'était sa place, son rôle, le rôle de sa vie. Comment en être, sans y être ? En être, ou alors que ça s'arrête.

Fêter Noël sans elle. Fêter Noël ailleurs. Fêter Noël ? Chez qui ?

Sa deuxième sœur était morte avant elle, la troisième alors ? Ou la dernière, qui avait tant espéré cette filiation ? Chez moi, sa fille et l'aînée des enfants de la génération suivante ?

Celle qui recevrait la famille pour Noël prendrait la relève, se proclamerait l'héritière, la nouvelle aînée. Mais elle vivait, Sonia, elle n'était pas morte encore, elle n'était plus l'aînée parce qu'elle n'était plus elle-même, c'est tout.

Qui deviendrait reine après la reine ? Fallait-il une reine après la reine ? La famille se tiendrait-elle debout, quand elle ne serait plus là pour leur dire qu'elle est là, pour dire à chacune qu'elle l'aime, que c'est elle, bien sûr, qu'elle préfère ? ♦

NATHALIE RYKIEL est écrivaine.
Directrice de 1995 à 2012 du groupe de mode Sonia Rykiel fondé par sa mère, elle a rendu hommage à cette dernière, disparue en 2016 des suites de Parkinson, dans *Écoute-moi bien* (Stock, 2017), où elle évoque leur relation intime et professionnelle, et l'épreuve de la maladie. Son dernier récit, *Sam Rykiel* (Stock, 2020), est un hommage à son père, décédé à 48 ans.

EN COUVERTURE

MIEUX MANGER

Avec la crise sanitaire, notre attention s'est portée sur notre alimentation. Jamais on n'avait autant cuisiné ni autant grossi. Les fruits et légumes locaux ont suscité comme rarement nos suffrages. Manger bio apparaît meilleur pour notre santé et pour celle de la planète, de même que réduire notre consommation de viande semble souhaitable. Se nourrir moins, mais mieux, sans sacrifier goûts et saveurs : vaste programme ! Une révolution silencieuse s'opère dans nos assiettes. En se nourrissant, on vote aussi.

1
11
4
21
3
6
8
7
10
14
17

19
15
9
13
18
20
5

L'ÉCLAIRAGE DE

Gilles Fumey

« ON FAIT MANGER AUX FRANÇAIS TOUT ET N'IMPORTE QUOI »

Tiraillés entre la diététique, l'écologie et les modes alimentaires, nous nous sommes mis à manger de façon assez curieuse. Mais avec une tendance à être de plus en plus exigeants sur la qualité des produits et leur provenance locale.

Propos recueillis par **FRANÇOIS VEY**

© ERIC GARAULT

ZADIG *Quand vous observez ce que mangent les Français aujourd'hui, qu'est-ce qui vous frappe particulièrement ?*

G.F. Leur côté brouillon ! On leur fait manger tout et n'importe quoi. Eux qui se pensent éduqués à la bonne chère, attentionnés à la qualité, exigeants sur le goût, curieux des autres cuisines, bref, gastronomes, ils sont bien sûr tout cela, mais aussi tout le contraire. Je reste sidéré par le peu de connaissance qu'ils ont de leur corps, qui doit absorber les chocs de tocades et des passions alimentaires contradictoires. Et je suis impressionné par la résistance physique de certains à ce qu'ils imposent à leur organisme. Le côté désordonné me frappe car ils suivent, bien plus qu'ils ne le pensent, des modes et des injonctions publicitaires et marketing.
Une certaine sociologie craint que les pauvres n'aient pas les moyens de manger des produits de qualité – c'est faire injure à leur intelligence, pour certains –, or ceux que les sociologues appellent les riches se nourrissent aussi souvent très mal. On en arrive alors à la question : qu'est-ce que bien (ou mal) se nourrir ? Les chercheurs doivent-ils se poser les questions en termes moraux ? Pas sûr, mais un certain nombre de mangeurs se demandent : que faut-il pour « bien manger » ? Une version contemporaine de l'antique plainte attribuée à Platon comme à bien d'autres : « On ne sait plus ce qu'on mange. » À leur décharge, les messages envoyés par tous les acteurs, les producteurs et les transformateurs (industriels), les distributeurs, les médecins et les nutritionnistes, les milieux sociaux... sont agrégés en un ensemble assez chaotique. D'un point de vue économique, un nombre non négligeable de Français ne lésinent pas sur la qualité, en paient le prix, l'encouragent, mais nombreux sont ceux qui n'ont ni l'envie ni les ressources sensorielles, intellectuelles et matérielles pour manger autre chose que du fast-food, ce qu'offrent les chaînes et l'industrie agroalimentaire américaine, comme « solution » à des besoins, vrais ou faux.

« LES FRANÇAIS QUI SE PENSENT ÉDUQUÉS À LA BONNE CHÈRE, EXIGEANTS SUR LE GOÛT, CURIEUX, BREF, GASTRONOMES, ILS SONT BIEN SÛR TOUT CELA, MAIS AUSSI TOUT LE CONTRAIRE »

ZADIG *Comment expliquer la généralisation des achats de produits bio ?*

G.F. La généralisation, c'est aller vite en besogne. Il y a une tendance, certes, mais il y a des freins culturels, comme une suspicion entretenue par des lobbies anti-bio, voire l'idée que le rapport qualité-prix n'est pas satisfaisant. Pour autant, le bio gagne des adeptes chez les jeunes adultes, notamment chez les parents d'enfants en bas âge, qui relient le nombre de maladies neurodégénératives des personnes plus âgées à une alimentation contaminée par des pesticides et autres additifs. La crise environnementale qui touche l'eau, l'air, les sols accroît aussi le nombre de pratiques militantes chez ceux qui veulent mieux rémunérer les producteurs. Pour d'autres, une meilleure connaissance des apports nutritionnels de produits frais bio concourt à une hausse de leurs achats. Enfin, les acteurs de la distribution de masse rendent plus accessibles les produits bio, mais avec le risque d'une critique de leur provenance, qui n'est pas locale pour une part d'entre eux.

ZADIG *Les Français n'ont-ils pas, dans l'ensemble, tendance à mieux manger, c'est-à-dire plus sainement et de manière plus responsable ?*

G.F. Chaque génération prétend cela ! On a mis longtemps à se défaire de l'argument qui liait l'allongement de l'espérance de

Voici tous les aliments que Lily, de Nice, 8 ans en 2017, a mangé en une semaine. Tous ses repas sont faits maison. Son premier souvenir culinaire est le goût des épinards. Lily a déjà cultivé et récolté des tomates, des haricots verts, des fraises, des framboises, des asperges, du thym, de la laitue et des courgettes. Mais son plat préféré est le hamburger.

vie à une meilleure alimentation, alors que le vieillissement est lié à la qualité du système de soins. Cela étant, la pression de mangeurs plus exigeants qui consentent à payer le juste prix élève le niveau moyen de qualité de l'alimentation en France. Les marchés de plein air ne se sont jamais aussi bien portés. On se plaint du volume des importations, regrettable pour un grand pays agricole comme le nôtre, mais ces achats signifient que la profession agricole n'a pas pris la mesure de la demande de qualité. La FNSEA, chantre du productivisme et encalminée dans une relation délétère avec la grande distribution dont elle peine à sortir, voulait nous faire croire que les Français n'étaient pas prêts à payer

Joshua, 12 ans, de La Colle-sur-Loup, pose au milieu d'une semaine de nourriture. Son plat préféré : les lasagnes de sa mère. Les seuls aliments qu'il n'aime pas sont le poisson et les bananes. Chez lui, il y a deux règles pour les repas : pas de téléphone et pas de départ de la table sans avoir nettoyé son assiette. Josh sait cuisiner des pâtes, mais il préfère faire des gâteaux avec sa mère. En vacances, il mange souvent de la malbouffe.

plus cher. Le succès du bio lui a donné tort. De fait, de plus en plus d'enfants ont accès à des produits de qualité : des cantines scolaires donnent l'exemple dans toutes les régions où les collectivités et les parents s'impliquent. La demande de qualité a rendu de nombreux élus plus responsables. Reste le point noir des hôpitaux et des Ehpad.

ZADIG *Assiste-t-on à une politisation de la consommation alimentaire dans notre pays, avec une multiplication des controverses et des polémiques ?*

G.F. Le champ politique est le lieu du débat, et il est sain que les controverses s'y multiplient. La prolifération de la grande distribution aux portes des villes et, depuis la loi LME votée

sous Nicolas Sarkozy[1], jusque dans les centres a créé un monopole que tiennent quelques centrales d'achat qu'aucun gouvernement n'est parvenu à faire plier. Même la loi EGalim de 2018[2], pourtant ambitieuse, a pu être contournée, et les industriels se plaignent toujours de la politique des bas prix imposés par les centrales d'achat. À l'échelon international, des mouvements comme Slow Food en Italie interpellent les élus sur leur responsabilité.
En amont de la consommation, des études scientifiques montrant le rôle néfaste des intrants chimiques, notamment les néonicotinoïdes qui affectent nos écosystèmes, sont mises en doute par des lobbies très puissants œuvrant pour les multinationales. Nous payons très cher en matière de santé publique la dépendance des agriculteurs productivistes à l'agrochimie. De nombreux chercheurs – à l'Inrae, à l'Inserm, au CNRS – peinent à convaincre les politiques que les reculades, comme celle sur les néonicotinoïdes[3], sont mortifères à tous points de vue.

ZADIG *L'essor des achats de produits locaux vous paraît-il durable et est-il forcément souhaitable ?*

G.F. Forcément. Les jeunes acheteurs sont plus sensibles à l'injonction environnementale à l'origine de la croissance des produits locaux que les moins jeunes. Pour nombre d'entre eux, la qualité ne se négocie pas, elle s'impose. C'est pourquoi ce mouvement me paraît durable. Il est même souhaitable, car il est aberrant de déléguer à d'autres régions du monde sa sécurité alimentaire. Le confinement en a rappelé les risques par l'exemple d'autres secteurs vitaux de la santé. Mais attention : local ne veut pas dire automatiquement vertueux.

ZADIG *Pensez-vous que les pratiques alimentaires tendent vers une homogénéisation dans l'Hexagone, mais restent très différentes dans les départements et territoires d'outre-mer ?*

G.F. Une part de nos pratiques s'homogénéisent en raison des modes de vie.

« NOUS PAYONS TRÈS CHER EN MATIÈRE DE SANTÉ PUBLIQUE LA DÉPENDANCE DES AGRICULTEURS PRODUCTIVISTES À L'AGROCHIMIE »

Oui, les horaires contraints pour des millions de salariés dans les bureaux ou des ateliers, voire les transports, favorisent des pratiques qui tendent à s'uniformiser, comme manger un sandwich ou une salade préparée, boire un soda dans une canette en alu, un café dans un gobelet en carton, etc. Mais qu'y-a-t-il d'homogène entre des centaines d'étudiants qui pique-niquent sur la place du Panthéon à Paris un jour de beau temps en snobant le resto U, mangeant qui un mezze libanais, qui une salade de choux chinois, qui une part de pizza, qui un kebab ou des makis, et une clientèle bourgeoise qui fréquente des tables étoilées, ou encore des employés qui déjeunent au travail selon l'offre restreinte du quartier ? Outre-mer, les problématiques ne sont guère différentes. Les cuisines ont leurs spécialités, elles sont plus épicées, les plats industriels plus sucrés, mais les contrastes restent les mêmes, avec l'impression tenace que « tout le monde » mange des chips, du Nutella, des céréales et des glaces.

ZADIG *Suivant les terroirs, subsiste-t-il des particularités et des spécificités régionales fortes ?*

G.F. L'agriculture du sud de la France, moins mécanisée puisque le relief interdit les grandes cultures, est restée plus paysanne. De ce fait, les produits fermiers, dits « de terroir », sont mis en avant dans la construction de l'identité locale, notamment pour le

1. La loi de modernisation de l'économie, qui prévoyait des mesures touchant les surfaces commerciales de moins de 1 000 mètres carrés.

2. Adoptée à la suite des états généraux de l'alimentation de 2017, cette loi visait notamment à l'établissement des prix selon les coûts de production et le marché, et fixait à 10 % le seuil de revente à perte.

3. Alors que ces pesticides étaient interdits depuis 2018, le Parlement a accordé en octobre dernier une dérogation de trois ans aux betteraviers, « pour éviter l'effondrement de la filière sucrière en France ».

tourisme – avec une définition plus large du terroir, qui inclut des produits régionaux tel le nougat de Montélimar (et de Provence), pour lequel on fait bon usage des amandes locales dans une recette d'origine à la fois... arabe et catalane depuis le XVIIe siècle. Des centaines de produits – pruneaux d'Agen, haricots lingot du Lauragais, oignon doux des Cévennes, rave limousine... – font la fierté de petites communautés locales plus ou moins habiles à diffuser, dans ce patchwork où chacun est jaloux de sa spécialité. Moins nettement, dans le nord de la France ou en Bretagne, l'industrie emploie une main-d'œuvre nombreuse et bon marché et a laminé bien des spécificités locales qu'on tente de ressusciter depuis quelques années. Le Sud compte une grande majorité des 363 AOP du vin et des 50 AOP de produits laitiers, principalement des fromages[4]. Dans la partie nord de la France, les terroirs jouent le rôle de refuges, telles les quelques fermes normandes parvenues à obtenir une IGP[5] en 1982 pour un camembert au lait cru. Deux exceptions : la Champagne viticole et surtout l'Alsace, devenue la première région gastronomique de France en bâtissant un modèle économique lié à un tourisme de masse à l'année, y compris en décembre !

4. Chiffres 2018 de l'INAO. On distingue les AOP (appellations d'origine protégée), qui couvrent tout le territoire européen, et les AOC (appellations d'origine contrôlées), qui couvrent le seul territoire français.

5. Indication géographique protégée, signe européen qui désigne des produits dont la qualité ou la réputation est liée à leur lieu d'élaboration.

ZADIG *Longtemps, les Français ont pris trois repas par jour. Cette habitude est-elle en train de se perdre ? Et si tel est le cas, sous quels influences ou facteurs ?*

G.F. Chez les actifs, l'éloignement entre le domicile et le lieu de travail s'accentuant, le repas de midi devient plus modeste et celui du soir plus consistant, ce qui nous rapproche de l'Italie, qui tient à son grand repas du soir, la *cena*. De ce fait, nombre de Français négligent le petit-déjeuner. Je serais tenté d'ajouter : à raison. Pour les inactifs, le matin est plus copieux, et les repas suivants plus équilibrés. Partout, pendant les week-ends et les vacances, la tendance est aux repas plus festifs, plus cuisinés, plus conviviaux.
Mais les modes de vie engendrés par la tertiarisation du travail, confinant les écoliers dans les établissements, les salariés dans les bureaux, les malades et les personnes âgées dans des lieux de soin, tous ces rythmes imposent des repas à heures fixes, plus ou moins respectées, souvent faits de nourritures d'origine industrielle. Le grignotage entre les repas reste une tendance forte, en dépit des dénégations déclaratives dans les enquêtes.

« À TOUTES LES ÉPOQUES DE SON HISTOIRE, LA FRANCE A EMPRUNTÉ AUX AUTRES CUISINES DES PRODUITS OU DES PLATS QU'ELLE S'EST APPROPRIÉS »

ZADIG *La France est-elle en train de perdre sa spécificité, pour ce qui est de l'alimentation, au sein de l'Europe ?*

G.F. Je ne pense pas. J'ai entendu des collègues britanniques me faire part de leur impression que nous vivons dans un pays de cocagne. Que la variété gustative, d'une région à l'autre, d'un restaurant ou d'une famille à l'autre, est immense et donne aux touristes qui prennent le temps de bien s'informer un choix qu'on ne retrouve que dans de rares pays, comme l'Italie, le Japon, la Turquie ou la Chine. Si l'on reste en Europe, non, la France ne se confond ni avec les pays du Nord ni avec l'Europe de l'Est, encore moins avec l'Italie ou l'Espagne. Nos pains, nos vins et nos fromages, cette trilogie fermentée, racontent toute une passion pour des produits que les pouvoirs publics garantissent comme fermiers, sinon artisanaux et qui furent intégrés à la grande cuisine royale à l'origine de la création des restaurants.

Soulaymane, 8 ans, de Nice, allongé aux côtés des repas qu'il a mangés en une semaine. Sa famille est musulmane et célèbre la fin du ramadan avec le sacrifice d'un mouton, qu'elle sert avec du couscous et de nombreux petits gâteaux. La nourriture la plus saine qu'il mange, c'est le poisson aux légumes que sa mère prépare ; la moins saine, c'est le fish burger du McDonald's – mais pas plus de trois fois par mois.

ZADIG *Comment analysez-vous les vagues successives de cuisines étrangères, depuis la floraison des pizzerias dans les années 1960 jusqu'aux fast-foods africains aujourd'hui, en passant par les cuisines asiatiques, turque ou grecque… ?*

G.F. À toutes les époques de son histoire, la France a emprunté aux autres cuisines des produits ou des plats qu'elle s'est appropriés. Le steak-frites que Roland Barthes décortiquait en 1957 dans ses *Mythologies* n'est pas un plat « français » : les recettes d'origine sont anglaise pour la viande et belge pour les frites ! Le couscous traversait la Méditerranée à la même époque avec les pieds-noirs et devint un temps « le plat préféré des Français ».

Rosalie, 10 ans, de Nice, a une alimentation saine – qui comprend notamment beaucoup de poissons frais, comme les sardines –, en partie grâce à son père, restaurateur, qui lui a appris à faire des crêpes, des salades et des lentilles à la saucisse, son plat préféré. Les seuls aliments qu'elle ne mange pas sont la ratatouille, les épinards et le concombre.

Le succès des pizzas italiennes est lié à la découverte par les couches populaires de la restauration ludique hors du foyer, et à sa pratique plus fréquente par les classes moyennes. Les sushis japonais, des produits frais, sont venus répondre au désir d'échapper à la nourriture industrielle. Les traiteurs asiatiques ou méditerranéens – grecs ou turcs – ont valorisé les « produits nomades », qu'on appelle aujourd'hui – avec force emballages – la vente à emporter (VAE). Les fast-foods africains accompagnent le métissage de la société française dans les grandes villes. Toute vague migratoire s'accompagne du transfert de quelques pratiques culinaires. À la condition que les nouveaux produits et plats soient en phase avec un besoin de l'époque. Les marchands – qui ne sont pas des migrants – ont apporté depuis deux mille ans des produits qui nous sont indispensables aujourd'hui, comme le sucre, le trio thé-café-chocolat, les pommes de terre et les haricots, les cucurbitacées et, toujours, de nouveaux fruits et légumes – les derniers en date étant le kiwi et le quinoa, désormais cultivés en France.

ZADIG *Une partie des jeunes s'initie désormais à la cuisine à travers les émissions de téléréalité culinaires. Quelle est la portée d'un tel phénomène ?*

G.F. Elle est paradoxalement assez faible, car elle offre une vision ludique de ce qui est un vrai métier. Cuisiner n'est pas jouer ! Beaucoup de candidats qui se frottent aux dures conditions des cuisines désertent. À leur décharge, leur médiocre reconnaissance par les patrons joue comme un repoussoir. En même temps, ces jeux-concours entretiennent les aspirations à l'excellence de certains et maintiennent un esprit de compétition qui n'est pas étranger aux classements internationaux des guides culinaires. Certains jeunes talents profitent de cette publicité pour démarrer une affaire dans les meilleures conditions. Mais là, on parle de l'élite...

ZADIG *Quel regard portez-vous sur les repas de fête et les repas de fin d'année ? Comment expliquez-vous que ces traditions culinaires se maintiennent ?*

G.F. Ces repas sont la preuve que manger n'est pas que sustenter son corps de nutriments. Au fondement des repas de fête, aussi loin qu'on remonte dans l'Antiquité, on trouve des rites sociaux de libation que les vins pétillants continuent d'offrir. Trinquer, c'est renouveler une relation. On attend des tables qu'elles soient le lieu de célébration de moments exceptionnels – tels les changements de millésime, les anniversaires, les succès personnels ou collectifs – qui sont fêtés par des libations comme en faisaient les Gréco-Romains à leurs dieux. Les juifs et les chrétiens ajoutent au sentiment d'appartenance à un collectif (famille, communauté) une dimension sacrée. Le maintien de ces pratiques à travers les âges témoigne de l'avidité de symboles du monde. Nous avons besoin, à intervalles réguliers, de nous assurer, collectivement, que le monde nous nourrira, que nous pouvons l'incorporer jusqu'au plus intime de nous-mêmes. ♦

GILLES FUMEY est géographe, spécialiste de géographie culturelle. Professeur à Sorbonne Université, il est chercheur à l'UMR Sirice du CNRS. Il a notamment publié, en 2020, *Feu sur le breakfast !* (Éd. Terre Urbaine, 2020), *Douceurs et amertumes du chocolat de Suisse et d'ailleurs* (Éditions d'en bas) et, avec Thierry Paquot, *Villes frugales et villes voraces : agriculture urbaine et autonomie alimentaire* (CNRS Éditions).

GREGG SEGAL est un photographe américain. Formé à la photo et au cinéma au California Institute of the Arts, à l'écriture dramatique à l'université de New York et à l'enseignement à l'université de Californie du Sud, il a développé une œuvre fortement teintée de sociologie : à travers la photo, il explore les identités, les mémoires, les croyances et les valeurs. Avec la série *Daily Bread* (« pain quotidien », publiée en 2019 par powerHouse Books), il met en scène la disparité des pratiques alimentaires des enfants à travers le monde.

SE NOURRIR AU TEMPS DU CORONAVIRUS

par OLIVIER LEPILLER

Notre consommation alimentaire a augmenté et on s'est mis à faire davantage la cuisine pendant le confinement. Mais ce printemps a surtout été un grand moment de prise de conscience qui devrait faire évoluer nos habitudes.

« DURANT LE CONFINEMENT, ces cinquante-six jours de réclusion printanière, les pratiques alimentaires des Français ont connu toute une série de changements. De nouveaux types d'achats se sont développés, comme le recours à des circuits courts ou le drive dans les super et hypermarchés. On a également assisté à des modifications de la consommation. Le temps consacré à la cuisine a augmenté, que ce soit par choix ou par nécessité. Et surtout, cette période a été un moment important d'éveil aux enjeux de l'alimentation.

*

Premiers gagnants de cette période : les circuits courts de proximité, qui favorisent un approvisionnement local. À partir du début des années 2000, les AMAP[1] ont commencé à se développer sérieusement, même si elles ne touchent encore aujourd'hui que quelques centaines de milliers de personnes, essentiellement dans les grands centres urbains. Mais il existe beaucoup d'autres circuits courts de proximité : marchés de plein vent, supermarchés coopératifs, boutiques de produits locaux, vente directe... Tous se développent, y compris dans les zones rurales et périurbaines. Durant le confinement, un réseau qui s'appelle RMT-Alimentation locale a enquêté auprès d'acteurs et de consommateurs de ces circuits. Ces bulletins comportent d'intéressants retours du terrain. Des producteurs se sont retrouvés du jour au lendemain sans débouchés avec la fermeture des marchés de plein vent. Mais il y a eu une réorganisation rapide. Les circuits courts, et plus généralement les produits bio, ont connu un succès accru.

Depuis quelque temps, ce goût pour le local et cette relocalisation de l'alimentation se manifestent au travers du supermarché coopératif. Le premier à ouvrir, en 2016, a été La Louve à Paris. Et cela s'est développé : il y en a dans les principales grandes villes de France. À Montpellier s'est créée une société coopérative et participative, La Cagette, dont je suis membre. Une étude de ses adhérents a montré que 81,2 % d'entre eux avaient au moins un bac + 2. Mais La Cagette veut s'ouvrir sur un public plus large, en recrutant dans des milieux peu sensibilisés à ces questions. Les fruits et légumes frais vendus sont tous bio et une étude comparative a montré qu'ils étaient globalement les moins chers de la ville de Montpellier.

Autre initiative remarquable : le VRAC, un groupement d'achat lancé à Lyon, qui mène des actions intéressantes dans les quartiers populaires, avec la volonté de rendre accessibles le bio et le local pour des publics populaires, à travers un ancrage dans ces quartiers et dans le tissu associatif local.

Ce type de consommation n'est pas qu'une question d'argent, c'est aussi une question de culture : quelles questions se pose-t-on en

1. Associations de maintien de l'agriculture paysanne.

Photographies : Série réalisée pour promouvoir des produits d'Occitanie mis en avant par l'Irqualim, l'Institut de la qualité agroalimentaire d'Occitanie.

matière alimentaire ? Il ne faut pas s'imaginer que, dans les milieux populaires, les gens se moquent du bio et ne se soucient pas de nourrir de pesticides leurs enfants. Mais il y a souvent de la méfiance quant à la véracité de la qualification bio, et puis le coût plus élevé de ces produits.

*

Pendant le confinement, la consommation alimentaire a augmenté et les Français ont grossi. Selon une enquête de l'Ifop, 57 % d'entre eux ont pris du poids, avec 2,5 kg de gain en moyenne. Selon une autre étude, menée dans le cadre de la cohorte NutriNet-Santé, 35 % des participants avaient pris du poids, avec 1,8 kg en moyenne.

On a eu de nombreux témoignages rapportant une augmentation du temps consacré à la cuisine – une tâche qui, déjà d'ordinaire, concerne surtout les femmes, ce qui a, semble-t-il, été encore amplifié par le confinement. Par plaisir et par goût parfois ; parfois par corvée – une tâche domestique de plus, avec un repas supplémentaire par jour à assurer à la maison. Cela explique l'augmentation du prix du panier alimentaire moyen. Ce qui était dépensé auparavant dans la restauration collective ou commerciale l'a été à la maison.

On a assisté aussi à une tension sur la farine en raison de nouvelles pratiques culinaires : au début, elle était liée à des achats de stockage, mais la pénurie a continué pendant tout le confinement. Les gens ont consommé davantage de farine : ils ont fait des gâteaux, des pâtisseries... En revanche, les agriculteurs ont été obligés de brader ou de détruire des stocks de pommes de terre, car peu de gens font encore des frites à la maison – elles sont désormais principalement consommées au restaurant... Même phénomène pour le poisson, avec des destructions de stocks, car les gens en cuisinent assez peu chez eux.

*

Le confinement a été un grand moment de prise de conscience. Ainsi, quand le ministre de l'Agriculture a fait appel à des volontaires pour aller ramasser des fruits et légumes, nombreux ont été ceux qui ont réalisé qu'il fallait encore des bras pour accomplir cette tâche et que l'agriculture française dépendait de travailleurs immigrés saisonniers, notamment pour les fraises et les tomates.

On a aussi redécouvert d'autres agents invisibles du système alimentaire : les travailleurs de la logistique, les manutentionnaires. Et même les agents de caisse, pourtant présents sous nos yeux mais « invisibilisés », et qui sont très majoritairement des femmes. Tous, dans ces activités essentielles, ont été en première ligne. Alors qu'il était possible de se passer de certains soins de santé, on s'est donc rendu compte comme jamais de l'importance de l'alimentation : c'est l'une de nos activités les plus importantes, celle qui soutient la vie au quotidien.

Après le confinement, on ne fera certes plus autant de gâteaux et on ne prendra plus 2,5 kg tous les trois mois. Mais il est possible que certains comportements se réactivent à l'occasion d'évènements comme l'arrivée du premier enfant – un de ces moments clés où nos comportements « bifurquent », ce qui se traduit notamment dans les pratiques alimentaires. On se réappropriera alors des compétences, on réveillera des préoccupations que l'on s'était découvertes lors du confinement. Des pratiques qui avaient été expérimentées puis abandonnées seront appelées à se réinstaller. Il faut donc distinguer deux rythmes du changement social : le court terme, et un temps plus long, sur des années voire des décennies.

Lors d'une petite enquête menée à Montpellier, une des personnes interrogées, une étudiante, disait : « Je me suis rendu compte de tout ce que je savais faire en cuisine ! » Le jour où elle aura un enfant, elle sera peut-être bien mieux armée et plus confiante pour à nouveau cuisiner.

Ce qu'il y a eu d'intéressant aussi, pendant le confinement, ce sont toutes ces fêtes religieuses : Pâques, Pessah, l'Aïd... Comment les gens se sont-ils débrouillés ? Fallait-il se réunir quand même ? Certaines personnes étaient apeurées et ne voulaient pas risquer de contaminer leur famille... Les négociations ont dû être intéressantes autour de ces enjeux religieux.

Ce type de négociation n'est d'ailleurs pas propre à cette période particulière. Dans toutes les fêtes humaines, la nourriture est impliquée : un repas, des offrandes... Ce sont des occasions de se retrouver autour de plats et d'aliments spécifiques. Du fait de codes à respecter, du poids d'un modèle traditionnel hérité, les comportements bougent moins vite. Or, ce peut-être une épreuve pour les adeptes d'alimentations particulières : quand le petit neveu ne veut pas toucher au chapon qu'on sert à toute la famille, car il devenu végétarien... De même, et en particulier lors des fêtes de fin d'année, ces repas traditionnels n'échappent pas au marketing, à la mise en valeur marchande des produits. Mais on commence à voir apparaître des alternatives festives : le foie gras végan existe désormais... »

Propos recueillis par François Vey

OLIVIER LEPILLER est sociologue, spécialiste des pratiques alimentaires. Après un doctorat consacré aux critiques de l'alimentation industrielle en 2012, il poursuit ses recherches au CIRAD (UMR Moisa) et enseigne en université, à Toulouse et à Montpellier. Membre du comité de rédaction des *Cahiers de nutrition et de diététique*, il a codirigé l'ouvrage *Manger en ville. Regards socio-anthropologiques d'Afrique, d'Amérique latine et d'Asie* (Éditions Quæ, 2020).

VINCENT BALDENSPERGER se définit comme « un artisan photographe passionné ». Installé à Toulouse, cet autodidacte est membre du collectif international Kage. Réalisant des reportages et des portraits, il aime beaucoup la gastronomie et la cuisine. Il collabore aux revues *180 °C* et *12° 5*.

LA FRANCE À LA CARTE
par HERVÉ LE BRAS
Illustrée par MATHILDE BÉDOUET

QU'EST-CE QU'ON MANGE ?

En fonction des régions, on fait la cuisine au beurre ou à l'huile, on raffole des pâtes fraîches ou on privilégie les produits bio. Avec certaines traditions qui restent bien ancrées.

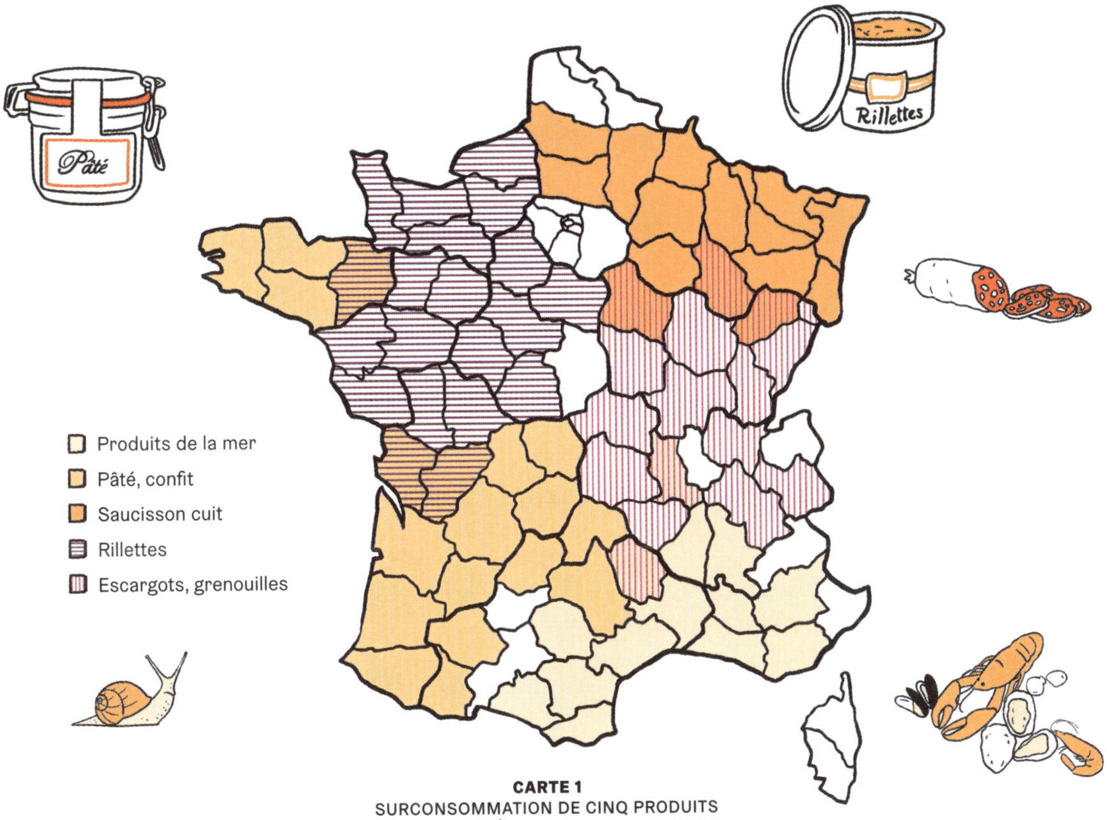

CARTE 1
SURCONSOMMATION DE CINQ PRODUITS
PAR RAPPORT À LA MOYENNE NATIONALE

« COMMENT voulez-vous gouverner un pays qui comporte 258 sortes de fromages », s'était exclamé Charles de Gaulle. Il voulait parler de la difficulté à unifier un pays extraordinairement divers dans ses opinions, ses comportements et finalement sa cuisine. Une grande enquête de l'institut Nielsen a souligné ce dernier aspect. Elle a mesuré en 2014 dans chaque département quels étaient les dix produits alimentaires dont la consommation dépassait le plus la consommation nationale moyenne.

Les résultats montrent une très grande diversité, les dix surconsommations de certains départements n'ayant aucun item en commun avec celles d'autres départements. Par exemple, en Vendée, la consommation de pineau des Charentes est trois fois plus importante que la moyenne. Elle est 50 % plus élevée pour ces produits : sauce surgelée, rillettes, saucisses en conserve, liqueurs, beurre, dragées, desserts à préparer, charcuterie fraîche et apéritif sans alcool. Dans les Alpes-Maritimes, les dix surconsommations sont absolument différentes de celles de la Vendée : caviar (+ 200 %), légumes en saumure, nougat, pâtes fraîches, concentré pour boisson, lait frais, herbes surgelées, champagne (+ 63 %), produits diététiques, boissons aux fruits. Certains départements sont des modèles de diététique, tel le Rhône dont les surconsommations sont, dans l'ordre : crème de marron, dragées et pralinés, salade de légumes en conserve, pâtes fraîches, concentré de tomate, chocolat, légumes en saumure, compote fraîche, plat cuisiné frais, lait pour enfant. D'autres sont plus portés sur la boisson, comme la Manche : calvados, cidre, apéritifs anisés, apéritifs sans alcool, vin doux naturel, rillettes, saucisses en conserve, mousseux, dessert préparé, liqueur et guignolet, dans l'ordre. Les surconsommations atteignent parfois des valeurs impressionnantes : + 550 % pour l'armagnac dans le Gers, + 200 % pour le pain d'épices en Côte-d'Or, + 1 950 % pour les fruits à l'alcool en Haute-Saône,

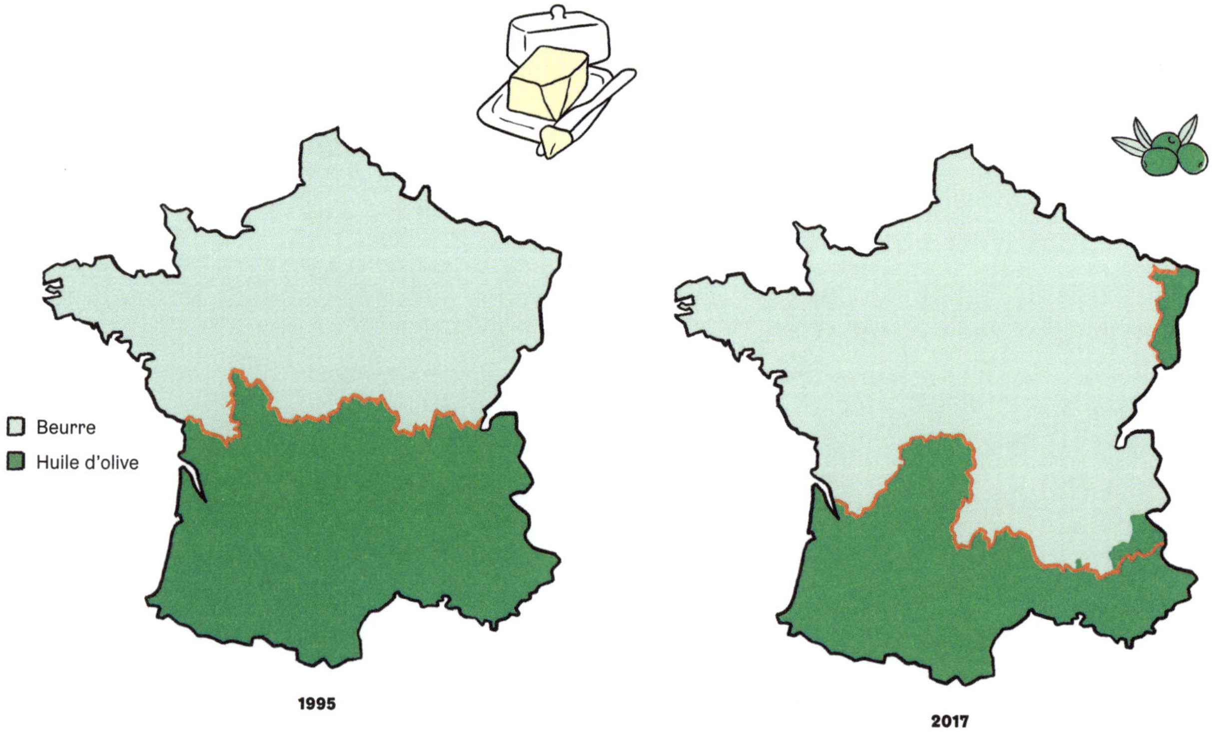

CARTES 2 & 3
PRÉFÉRENCE POUR LA CUISINE AU BEURRE
ET À L'HUILE EN 1995 ET EN 2017
(CRÉDOC, ANSES)

+ 370 % pour les rillettes dans la Sarthe.

Plus que les cas particuliers, c'est la géographie des surconsommations qui est la plus intéressante. Presque toujours, les départements concernés forment une seule étendue compacte sans vide. Il en résulte un partage du territoire qui est illustré par la première carte *(page précédente)*. On a colorié de la même manière les départements dans lesquels la consommation du produit retenu était l'une de leurs dix surconsommations les plus importantes. Les mangeurs de rillettes s'assemblent en cercle sur deux rangées de départements avec la Sarthe au centre. Ceux qui goûtent le saucisson cuit occupent toute la frontière nord-est, la Picardie, la Champagne et les Ardennes, la Lorraine et l'Alsace. Seule la région du Nord n'est pas aussi friande de ce mets. Un peu plus bas en Franche-Comté, en Bourgogne, en Auvergne, en Savoie, l'intérêt se concentre sur les escargots et les grenouilles. Enfin, la France du Sud se divise en mangeurs de confits et pâtés à l'ouest et de produits de la mer à l'est. Seuls quelques rares recouvrements apparaissent aux frontières : dans les Charentes et au sud de la Champagne. Quelques départements n'apprécient pas outre mesure les cinq produits cartographiés. Ils sont souvent le siège de grandes villes : Rhône, Seine-Maritime, Haute-Garonne ainsi que les régions Hauts-de-France et Île-de-France.

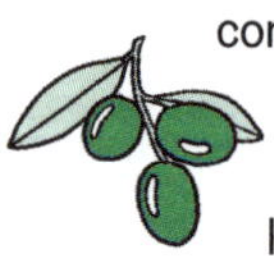

Les boissons fortes sont encore plus sectorisées. L'armagnac règne sur les dix départements arrosés par la Garonne et ses affluents, le pineau sur six départements des Charentes et vers le Berry,

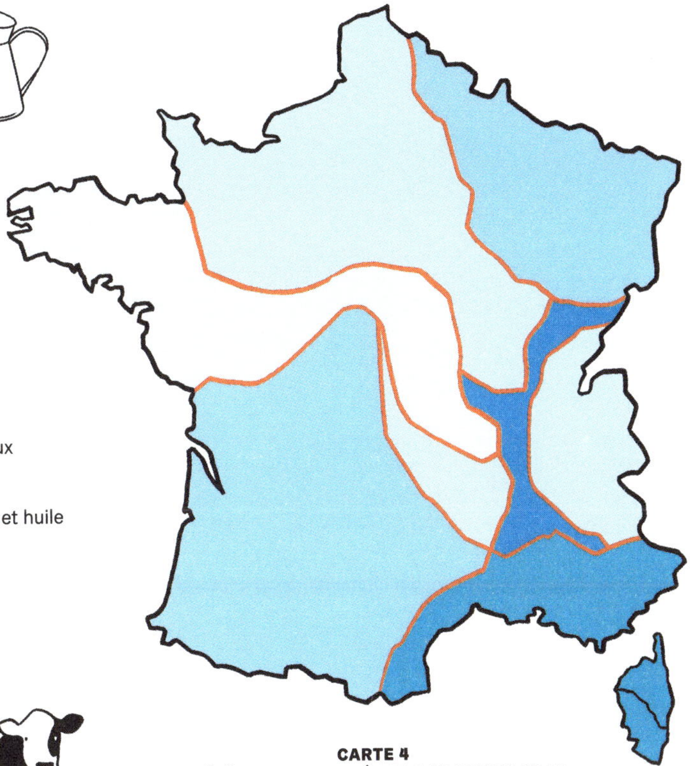

CARTE 4
PRÉFÉRENCE EN MATIÈRE DE PRODUITS GRAS POUR LA CUISINE VERS 1936 (D'APRÈS MARCEL MAGET)

le calvados sur huit départements bordant la Manche, l'amer brun (peu connu à Paris) sur sept départements lorrains, vosgiens et ardennais, le vin doux naturel sur huit départements du Languedoc et du sud du Massif central. Quand il n'y a pas de spécialité régionale, comme dans le Centre et en Bourgogne, on se tourne vers le madère et, un peu plus au nord, vers le porto. L'Île-de-France est plus snob : surconsommation de rhum dans les départements périphériques et de tequila à Paris intramuros. Seuls les départements du Sud-Est n'ont pas de surconsommation de boissons alcoolisées. Fin du mythe du pastis ?

S'agit-il de traditions immémoriales, la tequila parisienne faisant figure d'exception qui confirme la règle ? En réalité, les mœurs alimentaires changent assez vite, mais très inégalement sur le territoire. L'un des contrastes les plus connus, l'opposition entre la cuisine à l'huile et la cuisine au beurre a, par exemple, nettement varié au cours du temps. Une étude du Crédoc en 1995 avait tracé la frontière entre les deux usages selon une ligne partant de La Rochelle, contournant le Massif central et aboutissant au sud de la Savoie (*carte 2*). Il était tentant de rattacher ce partage à celui qui séparait la langue d'oc de la langue d'oïl, la petite propriété de la grande, l'héritage égalitaire du droit d'aînesse avant le Code civil, etc. En fait, les changements ont été rapides. L'ethnologue Marcel Maget, qui avait dirigé avant-guerre le musée des Arts et Traditions populaires, avait déjà enquêté sur la question. Il avait pu en établir une autre de l'usage des graisses en 1936 (*carte 4*). On n'y retrouve pas la ligne de partage observée

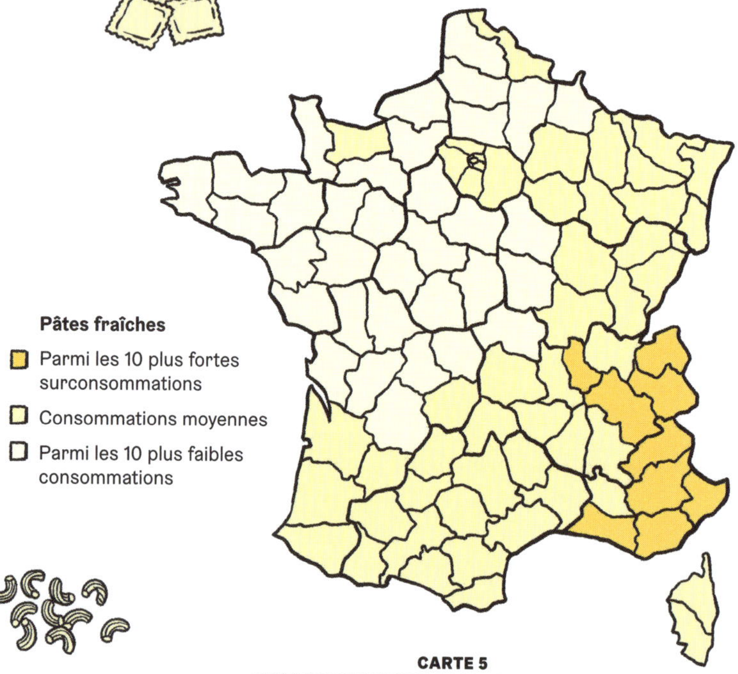

CARTE 5
SURCONSOMMATION ET SOUS-CONSOMMATION
DE PÂTES FRAÎCHES, EN 2014

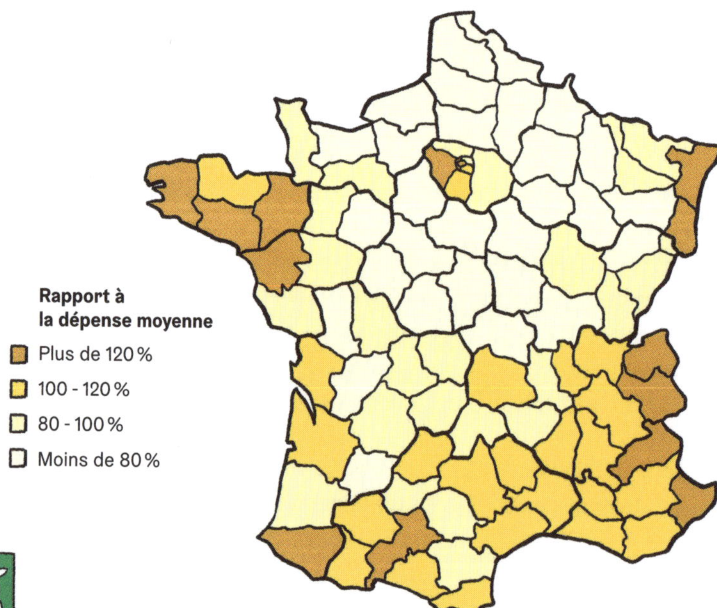

CARTE 6
ACHATS DE PRODUITS BIO RAPPORTÉS
À LA CONSOMMATION NATIONALE MOYENNE
DE 100, EN 2019

par le Crédoc. Certes, le beurre dominait alors dans l'Ouest, mais il était associé au saindoux dans tout le Nord-Ouest, puis disparaissait au profit de ce dernier dans l'Est. Au sud, l'huile d'olive était consommée presque uniquement sur la façade méditerranéenne où elle était fabriquée et remontait seulement les vallées du Rhône et de la Saône. Tout le reste du Sud cuisinait au saindoux et, de temps à autre, en Savoie et Dauphiné, au beurre. En 2011, l'établissement public FranceAgriMer a apporté des nuances à l'étude du Crédoc en comparant les achats d'huile et de beurre dans huit grandes régions. Pour 100 euros d'achat, 68 allaient au beurre et 32 à l'huile dans le Grand Ouest, l'écart était plus faible ailleurs mais ne s'inversait, et de peu, qu'assez bas au sud de la ligne tracée par le Crédoc, en Aquitaine, en Occitanie et en Provence. Plus récemment, l'enquête INCA 3 de l'Agence nationale de sécurité sanitaire de l'alimentation, de l'environnement et du travail (Anses) a confirmé ce retrait, tout en notant un retour de l'usage de l'huile en Alsace (*carte 3*). Au fil du temps, les consommations s'homogénéisent. Par exemple, dans l'étude de FranceAgriMer, l'huile ne l'emporte que de peu dans le Sud (53 % contre 47 % au beurre). De même, en dehors de l'Ouest, le beurre ne domine qu'à 55 %. D'ailleurs, le beurre ne figure dans les dix plus importantes surconsommations que dans sept départements de l'Ouest et les olives que dans dix départements, presque tous méditerranéens.

Au fond, au lieu d'être le résultat d'un lointain passé, beaucoup d'écarts dans les habitudes alimentaires sont dus à l'inégale progression de nouveautés. Ainsi, les pâtes fraîches sont surconsommées à plus de 50 % seulement en Savoie, dans le Dauphiné et en Provence, donc à proximité de l'Italie tandis qu'inversement, elles figurent parmi les dix produits les moins consommés dans l'Ouest, le Nord-Ouest et au centre (*carte 5*). Parions que dans quelques années les Bretons en consommeront autant que les Niçois, qui seront sans doute passés à autre chose.

De même, les achats de produits bio varient beaucoup d'un département à l'autre (*carte 6*). Ils sont logiquement les plus fréquents là où la surface affectée à la culture biologique est la plus importante, de même que l'huile d'olive était consommée à proximité des oliviers initialement, mais leur progression la plus rapide a actuellement lieu au centre, au nord et à l'est du pays. Ce que l'on avait initialement attribué à la tradition relève donc souvent de la mode, le plus enraciné s'associant au plus changeant. ♦

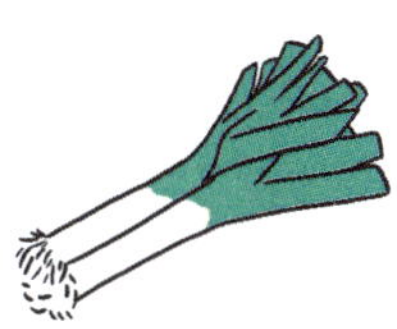

HERVÉ LE BRAS est directeur d'études émérite à l'Institut national d'études démographiques (Ined) et directeur de recherche à l'École des hautes études en sciences sociales (EHESS). Il a longtemps été membre du conseil scientifique de la Datar et a coécrit avec Emmanuel Todd *L'Invention de la France* (Gallimard, 2012) et *Le Mystère français* (Seuil, 2013). Son dernier ouvrage, *Serons-nous submergés ? Épidémie, migration, remplacement* a paru en 2020 aux éditions de l'Aube.

MATHILDE BÉDOUET est illustratrice et réalisatrice. Diplômée des Arts décoratifs de Paris en cinéma d'animation, elle vit et travaille à Paris. Après trois ans en agence de communication, elle réalise des clips numériques en rotoscopie et en 2D. Elle collabore avec *le 1* et *Vanity Fair*.

« LA CUISINE, UNE CULTURE QUI BOUGE »

par PATRICK RAMBOURG

Cette grande passion française n'a jamais cessé d'évoluer, suscitant de multiples débats sur l'art culinaire, le bon goût des aliments ou l'ordre dans lequel servir les plats. Sans oublier la place à donner aux cuisines régionales.

“ AU FIL DE NOTRE HISTOIRE, on voit comment ont évolué la cuisine et l'alimentation des Français. À la fin du Moyen Âge, on trouve les premiers traités culinaires en langue vernaculaire, donc en vieux français. Le premier livre de cuisine imprimé, dont la première édition connue date de 1486, est le *Viandier*. Il découle d'une tradition de manuscrits antérieurs, attribués à Guillaume Tirel, dit Taillevent, queux (cuisinier) des rois Charles V et Charles VI au siècle précédent. C'est l'un des plus célèbres recueils médiévaux de recettes.

À cette époque, tout se passe à l'intérieur du petit monde aristocratique. C'est une cuisine de cour, une cuisine pour l'élite. Les traités et les livres de cuisine rédigés à cette époque s'adressent au public de la haute société et ne parlent pas à tous les Français. On est dans la distinction sociale, avec une cuisine épicée, qui utilise beaucoup de verjus et de vinaigre et se distingue de celle du reste de la population.

Les évolutions viennent plutôt de la haute société. À la Renaissance – soit vers le XVIe siècle en France –, le sucre, par exemple, est de plus en plus apprécié parce que les élites veulent manger moins épicé. Et le beurre apparaît fréquemment dans les recettes, car les prescriptions religieuses évoluent. Des siècles durant, en raison d'un contexte catholique, on a en effet différencié les jours maigres et les jours gras, ceux de poisson et ceux de viande : lors des premiers – soit le mercredi, le vendredi et le samedi, en région parisienne –, on n'avait pas le droit de manger des matières grasses d'origine animale, dont le beurre. Mais à la fin du XVe siècle, une autorisation papale permet la consommation de ce dernier les jours maigres : on a donc pu l'utiliser toute la semaine. Ç'a été une vraie révolution. Sont ensuite apparues les grandes sauces françaises au beurre, plus précisément au XVIIe siècle, avec notamment ce qui va devenir notre fameux beurre blanc.

L'évolution culinaire à la française se fait par la pratique et par l'écrit : on rédige des recettes pour les transmettre aux générations futures. C'est très clairement dit par les auteurs. La transmission constitue certes un phénomène conservateur, en codifiant une vérité culinaire à un moment donné. Mais cette fixation des manières de cuisiner, qui deviendra une mémoire professionnelle et une source historique, laisse toujours une ouverture au renouveau et à la créativité, comme de nos jours lorsqu'une recette traditionnelle est revisitée.

La cuisine en France va se démarquer des autres surtout à partir du XVIIe siècle, en mettant en avant une créativité culinaire, un art de manger, qui va devenir un fait de société et un moyen de valorisation culturelle, notamment auprès des étrangers qui viennent visiter la France.

Les mutations se poursuivent. Dès le milieu du XVIe siècle, un discours médical commence à se faire entendre, qui estime que l'on sucre trop les plats dans la cuisine des élites. Les médecins jouent leur rôle dans l'évolution des pratiques. On s'aperçoit que trop sucrer la viande et le poisson les dénature, et on veut donc retrouver le vrai goût des aliments, particulièrement au XVIIe siècle, pour se démarquer du goût épicé médiéval puis du goût sucré de la Renaissance.

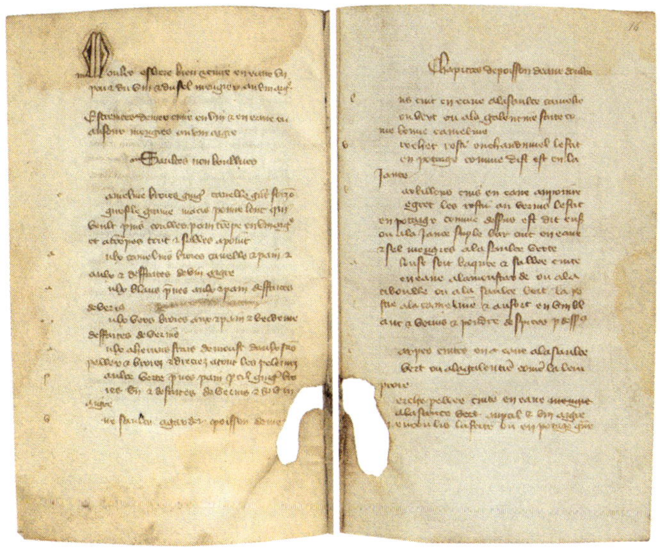

Page d'ouverture : Banquet de Charles V, dit « le Sage », roi de 1364 à 1380, dans les *Grandes Chroniques de France*, enluminées par Jean Fouquet vers 1455-1460.

Ci-dessus : Extrait d'un manuscrit sur parchemin du *Viandier* (vers 1301-1400) de Guillaume Tirel, dit Taillevent.

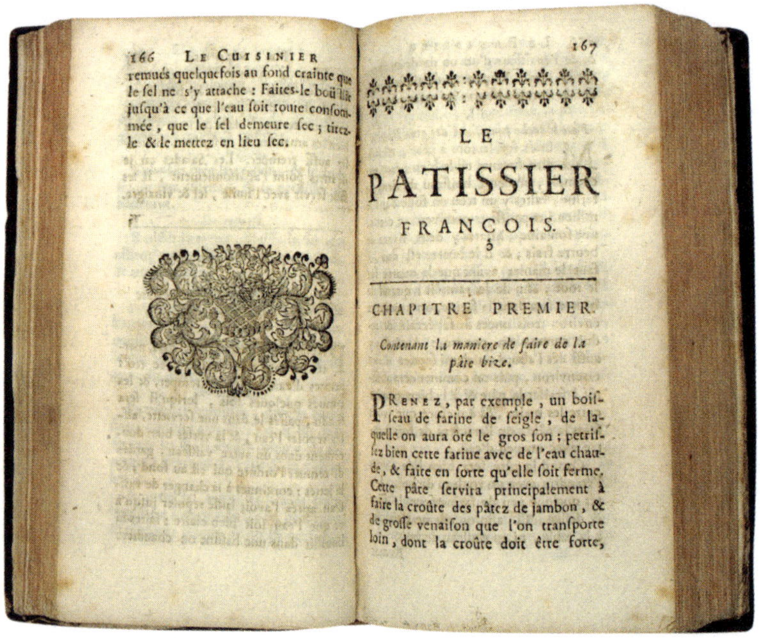

Ci-dessus :

Nouveau Cuisinier françois, ou l'École des ragouts, de François-Pierre de La Varenne, 1651, qui enseigne la manière d'apprêter toutes sortes de viandes, pâtisseries et confitures.

Page de droite :

Les Trois Frères provençaux, restaurant près du Palais-Royal à Paris, gravure de Eugène-Louis Lami (1800-1890).

Pareille quête fait écho à celle d'aujourd'hui. Mais, quand on parle de « vrai goût » des aliments à présent, cela renvoie à l'industrie agroalimentaire : on reproche à nos tomates de ne pas avoir assez de saveur ou aux fruits de ne plus avoir celle d'antan. Ainsi, les pommes reinette du Mans sont devenues un peu acides, alors que dans mon enfance dans la Sarthe ces petites pommes avaient un goût légèrement sucré. C'est une constante chez les Français perpétuellement en quête d'une perfection qui ne sera jamais atteinte. Il y a toujours eu des débats autour de la gastronomie en France. La cuisine parle à chacun d'entre nous.

Puis il y a à présent la peur de ne pas avoir dans son assiette une alimentation qui soit bonne non seulement du point de vue du goût, mais aussi pour la santé. Dès le XVIIIe siècle, on débat de ce qu'on appelle déjà « la nouvelle cuisine ». Dans les années 1730-1740, on voulait une cuisine moins grasse pour la santé, plus respectueuse du goût des produits. La mission assignée au cuisinier était de purifier et de civiliser l'aliment. Ce discours va contribuer à la naissance des restaurants à Paris. Lorsqu'ils apparaissent dans les années 1760, ils se présentent comme des maisons de santé. On y propose notamment du bouillon. Le mot « restaurant » vient justement de là : du bouillon qu'on donnait à un malade pour le « restaurer », pour rétablir sa santé. Le terme date de la fin du Moyen Âge.

Mais il ne faudrait pas croire que l'arrivée du restaurant dans la capitale, sa réussite et son succès dès le XIXe siècle se sont faits dans un environnement où il n'aurait jusque-là rien existé. Bien au contraire, Paris et les grandes villes, étaient déjà des lieux de restauration depuis des siècles, avec toutes sortes de métiers de bouche : les cuisiniers-oyers (spécialisés dans l'oie rôtie), les charcutiers, les pâtissiers... Je les vois dès le XIIIe siècle dans les différents règlements de métier. Ils s'adressent à des publics généralement populaires, aux citadins plutôt modestes ou aux bourgeois, rarement à l'élite.

La plupart de ces gens n'avaient effectivement pas les moyens de se faire à manger à la maison : avoir une cuisine était un privilège, seuls les riches en disposaient. Dans le Paris médiéval, qui comptait environ 200 000 habitants en 1328, ils allaient chez le commerçant de bouche acheter des mets prêts à être consommés : des petits pâtés, des volailles rôties, des soupes, des potages, des gaufres, etc. Ils pouvaient les manger dans la rue, chez eux, ou bien ils s'installaient dans une taverne, une auberge, une hôtellerie, un cabaret... On avait déjà l'habitude de manger hors de chez soi, d'autant plus que ces établissements proposaient aussi des plats cuisinés.

Au XIXe siècle, on débat de science et d'art culinaires. C'est un siècle scientifique, et l'hygiénisme se développe de plus en plus : on couvre les murs des cuisines de carrelage blanc, les chefs s'habillent de tenues blanches, ce qui n'est pas anodin. Mais, dans le même temps, il y a la volonté que soit reconnu l'art culinaire, apparu au siècle précédent.

Le débat peut aussi tourner autour de la table. Dans le courant du XIXe siècle, le service à la française, qui dominait les grandes tables européennes depuis le XVIIe siècle et qui consistait à poser un ensemble de plats en même temps sur la table à chaque service, est progressivement abandonné, malgré les tentatives de modernisation. On lui préfère un nouveau service, dit « à la russe » : les plats sont alors servis les uns après les autres. Le débat sera intense parmi les cuisiniers, car ce changement de service remettait en cause leur manière de penser la cuisine comme art. Au bout du compte, en un siècle, la cuisine française s'est totalement modernisée. Avec toujours, à un moment donné, un débat entre les Anciens et les Modernes.

Mais l'évolution de notre goût dépend de l'évolution de notre mode de vie. Souvent, on entend un discours nostalgique, comme si l'on mangeait mieux par le passé qu'aujourd'hui. Pourtant, on vit une époque formidable, car notre alimentation n'a jamais aussi sûre qu'à présent. On peut sans problème acheter des produits dans des commerces où l'abondance règne, sans incertitude majeure quant à ce qu'on va manger ni risque immédiat pour notre santé. N'oublions pas que pendant des siècles, la majorité de la population n'avait pas la garantie de manger au quotidien, que nos ancêtres connurent des disettes, des famines, des pénuries de denrées – et ce encore lors du siège de Paris en 1870-1871, lors de la Première Guerre mondiale et sous l'Occupation dans les années 1940. Les moyens modernes de conservation des aliments sont efficaces, notamment le froid artificiel, mais ils sont relativement récents : la conserve n'a été inventée qu'au tournant du XIXe siècle, et les premiers appareils frigorifiques dans la seconde partie du même siècle – et il faudra encore des décennies avant que le réfrigérateur ne pénètre dans nos foyers.

Paris et les grandes villes, étaient déjà des lieux de restauration depuis des siècles, avec toutes sortes de métiers de bouche

La revalorisation des cuisines régionales se fait aussi à une époque où l'on veut de « l'identité française »

Ci-dessus :

Eugénie Brazier, dite « la Mère Brazier », dans sa cuisine, dans les années 1950-1960.

La cuisine, c'est une culture en mouvement qui ne cesse d'évoluer. Mais, en même temps, elle s'inscrit dans une identité qui fait sa complexité. Ainsi, la cuisine française, ce sont des cuisines : provençale, alsacienne, bretonne… Il y a des régions qui, à part quelques spécialités, n'ont pas vraiment développé de cuisine spécifique - le Centre, par exemple -, tandis que d'autres ont eu une identité culinaire assez forte. Ballottée entre deux pays, la France et l'Allemagne, l'Alsace a inventé sa propre culture culinaire, à la fois très française, mais avec des accents germaniques. Pour la Provence, c'est la cuisine du soleil, de l'exotisme pour les Français qui vivent au nord de la Loire - même si ce n'est plus tout à fait vrai, maintenant que l'huile d'olive s'est imposée un peu partout, ainsi que l'ail et les herbes de Provence.

On assiste à une standardisation assez récente de la culture culinaire à la française. Pendant des siècles, quand on parlait d'elle, c'était d'abord et avant tout la cuisine de la capitale. La grande cuisine française a d'abord été inventée à Paris : les pouvoirs et les institutions étaient là. Même quand la cour se déplaçait de château en château le long de la Loire, même quand elle s'installa à Versailles, c'était toujours Paris qui faisait la différence en matière de gastronomie.

La valorisation des cuisines régionales commence vraiment au XIXe siècle. Cela ne veut pas dire qu'il n'y avait pas de cuisines régionales auparavant, mais on n'en tenait pas compte. L'importance de la capitale, le centralisme, était tellement fort que le modèle de la cuisine parisienne s'exportait dans toutes les grandes villes de France. Les élites lyonnaises ou bordelaises voulaient manger à la parisienne. On méprisait d'une certaine façon la cuisine régionale. Mais il y avait tout de même des spécialités régionales qui montaient à Paris : les pâtés d'Amiens ou de Périgueux, par exemple, arrivaient jusqu'à la capitale parce qu'ils y trouvaient une clientèle, comme le montrent déjà des documents du XVIIIe siècle.

Au XIXe siècle, nouvelle évolution : on commence à reconnaître les cuisines régionales au travers des livres de cuisine qui apparaissent au sein même des régions. Dans les années 1800 est publié un livre de cuisine régionale en Alsace ; puis, dans les années 1830, en Provence. Progressivement, la plupart des régions de France vont éditer leurs propres livres. Bien souvent, c'est en allant interroger des cuisinières que des intellectuels ou des cuisiniers les rédigent. On y découvre une cuisine d'inspiration parisienne : nombre de chefs ont en effet travaillé dans la capitale. Ainsi, dans les deux livres publiés à l'époque en Provence, par exemple, le beurre est très présent.

La cuisine régionale se construit par rapport à Paris : il faut une reconnaissance parisienne pour que des plats régionaux ou une cuisine régionale soient reconnus nationalement, voire internationalement. Il y a eu un jeu constant entre les provinces et Paris pour obtenir la reconnaissance culinaire. Durant des décennies, il y eut à Paris, un restaurant très célèbre, *Les Trois Frères provençaux*, qui était au Palais-Royal. Il a contribué à valoriser cette dernière cuisine dans la capitale. Et ce n'est pas anodin si elle est l'une des cuisines régionales reconnues au niveau international.

Au milieu du XIXe siècle, de nombreux auteurs continuent à dire que la meilleure cuisine est celle de Paris. Mais au début du XXe siècle, à la Belle Époque, le discours change : on commence à critiquer cette cuisine et celle des grands palaces qui ont ouvert un peu partout dans les grandes villes et sur les côtes, en estimant qu'elle est devenue trop internationale, moins identitaire, donc moins française. Il faut dire que la cuisine parisienne se développe dans une capitale très cosmopolite. La revalorisation des cuisines régionales se fait donc aussi à une époque où l'on veut de « l'identité française ».

Cette tendance va se confirmer durant l'entre-deux-guerres, où apparaît dans tout le pays un régionalisme de la table. C'est alors que Lyon est présenté comme la « capitale de la gastronomie ». Les moyens de communication se développent toujours plus, avec le train puis la voiture, et le tourisme gastronomique se met en place. Le succès des fameuses « mères » lyonnaises s'affirme dans l'entre-deux-guerres, avec la *Mère Brazier* qui entre au guide Michelin. Au niveau national, les éditeurs de livre de cuisine intègrent dans leurs livres des recettes régionales.

Ce n'est pas anodin si les appellations d'origine contrôlées apparaissent dans les années 1930. Car il y a alors la peur de perdre une cuisine régionale avec la modernisation du pays. Tout est fait pour valoriser les produits locaux. On assiste aussi à un renouveau culinaire face à l'internationalisation de la cuisine. Pour les chefs, la cuisine régionale est un moyen de réinventer leur pratique. À la Libération, le pli est pris et les cuisines régionales ne sont plus mises de côté. Désormais, elles font non seulement partie de la culture culinaire française, mais sont reconnues comme telles : elles participent, dans leur diversité, de son évolution et de son identité.

Propos recueillis par François Vey

PATRICK RAMBOURG est historien, spécialiste des pratiques culinaires et alimentaires, de la gastronomie et des usages de la table. Après avoir exercé en cuisine et en lycée hôtelier, il débute une carrière universitaire et enseigne notamment à Paris 7 Diderot où il est depuis 2013 chercheur associé au laboratoire Identités cultures territoires. Il est notamment l'auteur d'une *Histoire de la cuisine et de la gastronomie françaises* (Perrin, 2010) et d'un beau livre, *L'Art et la table* (Citadelles & Mazenod, 2016).

INFOGRAPHIE

Texte par ORIANE RAFFIN & illustrations par LE POISSON

NOS ASSIETTES À LA LOUPE

NOS DÉPENSES DIMINUENT

Chaque Français absorbe quotidiennement environ 2,9 kg d'alimentation, à parts égales en nourriture et boisson. Avec une moyenne de 3 600 euros par an, ce poste représente 20,4 % de ses dépenses de consommation, contre 34,6 % en 1960. Malgré cette baisse, il reste le troisième, après le logement et les transports.

- Eau et boissons : 55 % ;
- Fruits et légumes : 16 % ;
- Produits laitiers : 6 % ;
- Viande, poisson, œufs : 6 % ;
- Produits à base de céréales : 6 % ;
- Autres : 11 %.

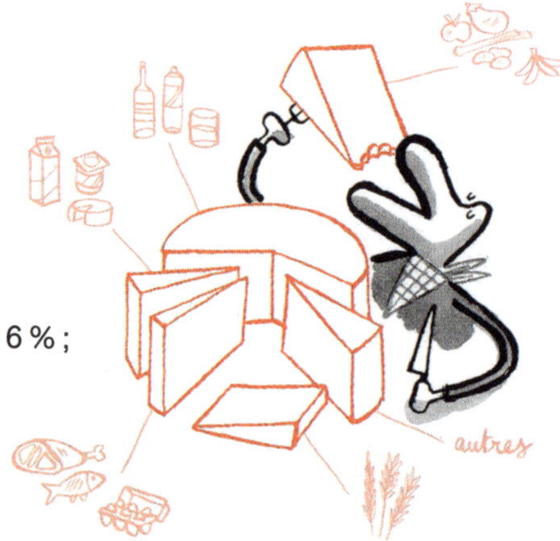

Le pain

▪ 94 g au quotidien, contre 325 g en 1950.

• 98 % de consommateurs.
• 33 % à chaque repas.

La viande

▪ 48 kg par an.
▪ 20,4 % du panier alimentaire en 2014, contre 23,5 % en 1990 et 23,7 % en 1960.

• En baisse de 12 % entre 2016 et 2017.
• 81 % des acheteurs en ont une image « bonne » à « excellente » ; 47 % estiment qu'on en mange trop ; 31 % jugent sa production néfaste pour l'environnement.

Les fruits et légumes

▪ 350 g par jour (moins que les 400 g préconisés).

• 42 % des Français adultes mangent au moins 5 fruits et légumes par jour.

Le fromage

▪ 27,2 kg par an, contre 11,9 kg en 1965.

• 92 % en consomment une fois par semaine.

Les sodas

▪ 50,9 litres de boissons sucrées par an.

• 51e pays consommateur, loin derrière le Mexique (146,5 l), le Chili (143,8 l) et les États-Unis (125,9 l).

L'alcool

▪ 2,5 verres standards par jour, soit 11,6 litres d'équivalent d'alcool pur par habitant de 15 ans et plus en 2018, contre 26 litres en 1961.

• 10 % des plus de 18 ans déclarent boire de l'alcool tous les jours.

NOS PLATS PRÉFÉRÉS

ON PASSE BEAUCOUP DE TEMPS À TABLE

BEAUCOUP DE REPAS À LA MAISON

Les Français passent en moyenne 2 h 11 minutes à table par jour. Près du double des Américains (1 h 10), et bien plus que les Allemands (1 h 36) et l'ensemble de l'OCDE (1 h 31).

Au domicile :
- 75 % des repas sont pris aujourd'hui chez soi (contre 86 % en 1960) ;
- Un peu plus de 50 minutes sont consacrées quotidiennement à la cuisine ;
- 52 % des gens cuisinent fréquemment (65 % des femmes, 38 % des hommes) ;
- 19 % du temps dédié au repas est passé devant la télévision.

À l'extérieur :
- Une pratique qui se développe en raison du changement du rythme de travail ;
- 59 milliards d'euros annuels pour l'ensemble du pays ;
- 26 % du budget alimentaire annuel (contre 14 % en 1960) ;
- 60 % des élèves de maternelle et de primaire mangent tous les jours à la cantine.

DES RÉGIMES VARIÉS

5 à 6 % des Français ont adopté un régime alimentaire particulier :
- végétariens (entre 1,4 % et 3 %) ;
- locavores (0,8 %) ;
- végans (0,5 %).

Un choix parfois motivé pour des raisons de santé :
- 17 % des Français disent avoir suivi un régime dans les douze mois ;
- 18 % se déclarent intolérants, hypersensibles ou allergiques au gluten ;
- 13 % ont suivi une cure détox ;
- 11 % un jeûne ;
- 3,5 % des adultes et 8 % des enfants évoquent des allergies alimentaires.

LA VAGUE DU « BIEN-MANGER »

82 % des Français se disent plus attentifs à ce qu'ils mangent qu'il y a trois ans.

LE BIO CONVAINC DE PLUS EN PLUS

- Un marché qui pèse 11,9 milliards en 2019 (contre 6,4 milliards en 2015) ;
- 6,1 % des achats alimentaires ;
- 71 % des Français mangent bio au moins une fois par semaine ;
- 14 % en consomment tous les jours.

Par ailleurs, près de 75 % des Français déclarent consommer au moins une fois par mois des aliments issus de leur propre production.

UNE ALIMENTATION PAS TOUJOURS SAINE...

L'alimentation des Français reste marquée par des excès et des carences :

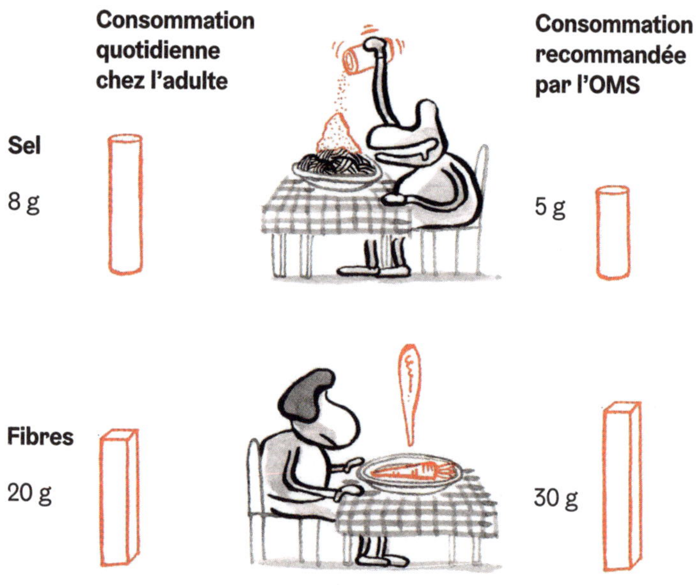

80 % des dépenses alimentaires des Français concernent des produits transformés, dans lesquels sont présents de nombreux additifs parmi les 338 autorisés en France.

AVEC DE FORTES INÉGALITÉS...

- 25 % des Français rencontrent des difficultés à se nourrir sainement pour leurs trois repas journaliers ;
- 5,5 millions d'entre eux bénéficient de l'aide alimentaire, contre 2,6 millions en 2009 ;
- Parmi eux, on compte 52,4 % de femmes et 35 % d'enfants.

… ET DES CONSÉQUENCES POUR LA SANTÉ

COMME DANS TOUT PAYS DÉVELOPPÉ, ON CONSTATE DES TROUBLES DU COMPORTEMENT ALIMENTAIRE…

– Addictions : 41 000 décès par an sont imputables à l'alcool, deuxième cause évitable après le tabac ;
– Anorexie : avec 3 000 à 6 000 nouveaux cas chaque année, elle touche 5 personnes sur 100 000 habitants ;
– Boulimie : elle atteint 2 % de la population féminine, et 4 à 8 % des étudiantes. Sur l'ensemble des cas, seuls 17 % sont des hommes.

… AGGRAVÉS PAR NOS MODES DE VIE…

– Plus de 80 % des adultes de 18 à 79 ans ont un comportement sédentaire ;
– 4 % des enfants et 17 % de la population adulte sont obèses. Si l'on ajoute les personnes en simple surpoids, ce taux monte, pour les adultes, à 54 % des hommes et 44 % des femmes.

… AVEC DES RETOMBÉES DE LONG TERME REDOUTABLES

– Diabète : 4 millions de malades, soit 5,4 % de la population ;
– Cancers : 5,4 % des 346 000 nouveaux cas annuels sont liés à l'alimentation, et 5,4 % au surpoids ;
– Maladies cardiovasculaires : 3,5 millions de Français.

Sources — Dépenses : Inca 3, Anses, 2017 ; Insee, 2015 • Consommation : Insee, Credoc, 2015, 2016 et 2018 ; International Dairy Fédération, 2016, estimation OCDE ; Interfel, 2014 ; Inserm, 2018 ; OMS-Insee ; Baromètre mondial des ventes de boissons sucrées, chaire internationale sur le risque cardiométabolique (ICCR), 2016 • Plats préférés : Opinion Way pour Expedia.fr, 2016 • Temps à table : OCDE, 2018 ; Inca 3, 2014 ; Insee (2010 et 2014) ; Ipsos • Régimes : Cabinet Occurrence pour le Cifap, Observatoire du pain, mars 2019 ; Anses, 2015 ; L'ObSoCo/FCD, SEB, Sodebo, Terrena, 2017 • Bien manger et bio : L'ObSoCo/FCD, SEB, Sodebo, Terrena, 2017 ; Étude Spirit Insight pour l'Agence Bio, 2019 ; Anses • Inégalités et santé : Anses ; Baromètre de la pauvreté, Ipsos/Secours populaire, 2019 ; DGCS, estimation 2017 ; Anses, Inca, 2015 ; INVS/étude ESTEBAN, 2015.

THOMAS DUTRONC

NAISSANCE D'UNE CHANSON
par BERTRAND DICALE

« Les Frites, bordel »

LA NOSTALGIE française se joue volontiers à table – cassoulet, sot-l'y-laisse, Flanby, tripoux, Mousseline, peu importe. Nous sommes ce que nous mangeons. Et pour retourner à nous-mêmes, nous nous mettons à table. Ce n'est pas manger qui nous remonte le moral, mais remanger. Thomas Dutronc a grandi dans une France enracinée à table et, à 34 ans, en 2007, son premier album en dessine une certaine vérité dans *Les Frites bordel*, chanson sous-titrée *Improvisation culinaire*. Il y convoque cet attachement aux plaisirs culinaires compris comme une identité heureuse et perdue.

Il nous rappelle que nous ne sommes pas seulement la nation des neiges d'antan. Avant, on mangeait mieux. Des produits plus sains, servis largement et bâfrés sans crainte ni remords par un pays que son assiette n'inquiétait pas – à moins qu'elle ne soit vide. Le banquet d'Astérix ou de la IIIe République, la table de Versailles ou du Salon de l'agriculture, les bons petits plats de mamie ou des provinces… Un jadis aussi bio que généreux, sans additifs ni privation, tranquillement hédoniste et vrai – la vraie cuisine, les vrais produits, la vraie France, avant que la maigreur, la mélancolie et la santé n'entreprennent leur croisade impie contre le bien-manger.

Thomas Dutronc dit – ou plutôt clame : « Alors, moi, je sors / Et je me commande un steak frites, / Un bon gros steak avec des frites, bordel ! / Y'en a marre de ce poisson grillé ! / De ces haricots verts ! / À mort le haricot ! / Vive la choucroute ! / Un beau gros morceau de viande / Et des pommes de terre bien grasses… » Derrière lui, les chœurs et la rythmique font entendre une paraphrase des envolées de *L'Été indien* de Joe Dassin qui, depuis 1975, est la chanson étalon du souvenir des temps heureux.

Quand son premier album, *Comme un manouche sans guitare*, fait de lui l'un des chanteurs les plus en vue de la nouvelle scène française, il ne renie pas le chemin de traverse qu'il a pris pour arriver au métier de son père et de sa mère. Car l'enfant de Françoise Hardy et de Jacques Dutronc n'a pas rêvé devant le micro. C'est Django Reinhardt qui le conduit à apprendre la guitare, à 18 ans seulement. Dès lors, il suit la voie canonique de l'initiation dans un bistrot des Puces de Saint-Ouen, ce qui le pousse à intégrer le Gipsy Project de Biréli Lagrène en 2001, après avoir enregistré avec Romane et Tchavolo Schmitt. D'ailleurs, si l'on tient à la précision historique, on signalera que son premier album n'est pas *Comme un manouche sans guitare* mais *AJT Guitar Trio*, disque autoproduit avec Antoine Tatich et Jérôme Ciosi, en 2005.

Évidemment, on pourra dire que, né en 1973, Thomas Dutronc, en digne fils du compositeur du *Temps de l'amour* et de sa première interprète en 1962, est forcément doué pour la nostalgie que l'on goûte dès l'instant présent (« Car le temps de l'amour, / C'est long et c'est court, / Ça dure toujours, on s'en souvient »). Mais c'est un autre passé – certes très français – qui l'a amené à la musique. Héritier de Django, donc, qui commence à se faire un nom dans un milieu de jazz élitaire et populaire à la fois, il glisse tard vers la chanson.

Et ce nouvel auteur-compositeur et interprète enregistre le « craquage » d'un jeune adulte qui pense à son grand-père, à ses remords de ne pas lui avoir écrit davantage, à sa propre indifférence égoïste, au temps qui passe, à la maladie et à la mort qui prennent leur lot parmi les gens

DÉSORMAIS LES FRITES VONT LE RÉTABLIR DANS LA VIE. LE CŒUR SE DÉLITE DE N'AVOIR PAS L'ESTOMAC PLEIN

que l'on aime et même à « la personne qui dort à côté de nous » et qui est « un étranger ». Alors tant pis pour les bonnes intentions diététiques, pour les oméga-3 qu'il envoie à la poubelle, pour tout ce qui s'oppose à la simple puissance heureuse des frites.

Avant lui, la tension entre l'exigence de santé et les plaisirs alimentaires a donné naissance à une discographie abondante. Le propos est très féminin, lorsque l'injonction d'amaigrissement commence à faire en grande partie la popularité d'une presse centrée sur des standards exigeant des femmes des sacrifices spécifiques. En 1965, les quatre membres des Parisiennes chantent : « Il y a des tas de choses qu'il faut qu'on supprime : / Le pain, la bière et les gâteaux, / Le camembert et le bordeaux, / Les pommes de terre et les haricots [...] / Dès demain, il n'y aura dans nos cuisines / Que des carottes et des poireaux, / De la compote de pruneaux, / Des biscottes et des courgettes à l'eau. » Alice Dona professera les mêmes renoncements en 1978, dans *Chanson hypocalorique* : « Faut supprimer le pâté, la potée, le potage et les pâtes au gratin, / Le riz au lait, le ris d'veau, l'risotto, l'riz complet, le lolo du matin, / La tarte aux poires, le tartare, le homard, le pommard et la tarte Tatin / Faut supprimer la purée, l'apéro, le vouvray, le gevrey-chambertin. »

Les hommes chanteront à peine plus tard les mêmes souffrances. En 1966, Henri Génès – qui est effectivement un peu rond – avoue ne pas savoir perdre du poids dans *Maigrir* : « Quand je vais dîner chez les Dupont, / Ils me disent : Fais donc attention [...] / Et pendant qu'ils dévorent sans façon, / De la choucroute et du jambon, / Je mange une biscotte à l'oignon. / Et lorsque je rentre à la maison, / Ma femme me fait une infusion [...]. / Mais, malgré ce régime de forçat, / Le cran d'ceinture, il ne bouge pas. » Au contraire (ou semblablement), Enrico Macias proclame *J'ai perdu 25 kilos* en 1970 : « Paëlla, tchouktchouka, / C'est fini, bien fini pour moi ! / Aïe, aïe, aïe, que ce fut dur ! / J'ai souffert et je souffre encore, / Mais voyez le résultat, / Le régime est passé par là. »

Plus âgé que Thomas Dutronc de quelques années, Sanseverino enregistre *Maigrir* en 2001 : « Maigrir à tout prix, / Devenir fin, élancé, rester dans les normes, / Éviter les débordements, / Comment devenir fin sans devenir fou ? » Et, justement, Thomas Dutronc raconte comment l'on devient fou – une folie bénigne, évidemment – de se priver de frites.

Il expose avec vigueur ce qu'était le pendant de ce renoncement : une vie vidée de son humanité, de ses solidarités naturelles, de la simple douceur de dire l'amour. Le propos n'est pas explicite, mais le parallèle entre une existence de distances et d'oubli, d'une part, et la fringale de frites ou de saucisson, d'autre part, est d'une clarté biblique. On comprend qu'il n'aimait plus bien, et que désormais les frites vont le rétablir dans la vie. Le cœur se délite de n'avoir pas l'estomac plein.

D'ailleurs, que cette chanson soit une improvisation confirme qu'elle exprime un impensé soudain libéré : dans ce jaillissement spontané, Thomas Dutronc dévoile l'atrophie du sentiment dans une civilisation qui censure les graisses saturées. ♦

BERTRAND DICALE est journaliste et passionné de chanson française. Il a fait ses études à l'Institut d'études politiques de Paris. Après avoir travaillé au *Figaro*, il collabore à France Info comme chroniqueur musical. Il a publié de nombreux livres consacrés à des artistes (Juliette Gréco, Gainsbourg, Brassens, Aznavour) ainsi qu'un *Dictionnaire amoureux de la chanson française* (Plon, 2016). *Golf Drouot, 25 ans de rock en France* a paru en 2019 aux éditions Gründ.

THOMAS DUTRONC est musicien et chanteur. Marqué par Django Reinhardt, il apprend la guitare et fait ses premiers pas en collaborant en 1995 à l'album *Brèves Rencontres* de son père, Jacques Dutronc. Il travaille alors avec de grands noms, d'Henri Salvador à M, en passant par sa propre mère, Françoise Hardy, avant de se révéler comme chanteur en 2007 avec l'album disque d'or *Comme un manouche sans guitare*. En 2020, il reprend sur son dernier album *Frenchy* des classiques de la chanson française, parfois enregistrés avec des artistes comme Iggy Pop ou Diana Krall.

« LES FRITES, BORDEL »

[Voix en arrière-plan :] Chère mamie, cette petite carte de Vendée, où nous sommes pour quelques jours. Tout contribue à ce que nous passions d'agréables moments...

Oui, vous vous rappelez ces cartes postales...
... le soleil magnifique, la mer...
Quand on était petit, fallait toujours se forcer à les écrire.
Y avait... Je t'embrasse bien fort.
Voilà, fallait écrire à notre tante, notre grand-tante, notre grand-oncle,
Et puis, bah, ça nous barbait, alors,
Nos parents, ils écrivaient la carte et puis on signait en bas.
Et puis maintenant, le temps a passé,
Quand on ouvre notre boîte aux lettres,
C'est nous qui aimerions bien recevoir plus de cartes postales...
Je me rappelle mon grand-père, à la fin de sa vie, il avait 86 ans,
Sa femme était morte.
Il rentrait tout seul, il avait du mal à pousser la porte qui était assez lourde,
Et puis il ouvrait sa boîte et dedans y avait des,
Des conneries de serrurerie sur des... des prospectus, des machins, et puis
Je me suis dit, putain, je lui écrivais pas assez de cartes,
J'aurais voulu lui écrire plein de cartes...
Et voilà et le temps passe, bordel...

Le temps passe toujours trop vite, hélas...
Nos amis souvent, les plus chers, les meilleurs,
Sont partis,
Sont loin,
Sont malades, sont morts.
Parfois dans la nuit, on ne sait plus très bien qui on est,
On ne sait plus où l'on va.
Parfois l'angoisse nous prend le cœur.
Parfois la personne qui dort à côté de nous est un étranger.

Alors, moi, je sors,
Et je me commande un steak frites,
Un bon gros steak avec des frites, bordel !
Y'en a marre de ce poisson grillé !
De ces haricots verts !
À mort le haricot !
Vive la choucroute !
Un beau gros morceau de viande
Et des pommes de terre bien grasses.
La révolution du saucisson est en marche !
Venez avec moi !
Vous roulez dans la paëlla !
Vous vautrez dans le couscous !
Mes amis,
Aux ordures et à la poubelle, ces oméga-3 !
On veut des graisses saturées !
Ras-le-cul de ce régime !
Prenez des tubercules,
Des pommes de terre, vous savez, ces tubercules,
Coupez-les en fines lamelles,
Plongez-les dans l'huile bouillante, salez-les
Et vous aurez des frites.

Ni dieux
Ni maître !
Mais des frites,
Bordel !

« LES FRITES, BORDEL »
Interprété par Thomas Dutronc
Auteur : Thomas Dutronc
Compositeur : Jérôme Ciosi
Arrangeurs : Xavier Bussy – Frédéric Jaillard
Éditeurs : Choï - Tomdu

UN MAGICIEN EN CUISINE

par JULIE GACON

Cuisinier après avoir débuté dans la gestion, Pierre Moussaoui est devenu un créateur culinaire qui se passionne pour les mets datant de l'Antiquité. Mais il a donné aussi naissance à de merveilleux objets d'art en sucre.

IL A ENFILÉ son tablier bleu roi et étudie en silence casseroles et ingrédients. En spartiates, Pierre Moussaoui ressemble à l'un de ces cuisiniers en chef de l'Antiquité dont il cherche à reproduire les gestes et les recettes. Un *archimagirus*, disait-on à l'époque. Mi-architecte, mi-magicien, ce quinquagénaire paraît affûté comme ses couteaux. Dans cette cuisine vaste et lumineuse d'un mas languedocien que le vigneron Régis et sa femme céramiste Thalia ont mis à sa disposition, il est dans son élément. De grandes tomettes, du bois brut, des marmites en cuivre... Tout se prête à la leçon de cuisine antique du jour. Au menu : concombre cuit « à la Jugurtha », du nom du roi numide qui a défié l'Empire romain naissant, et caramel au parmesan.

Pierre a choisi des recettes simples, car il a laissé dans un garde-meubles, le temps de savoir où s'installer, les outils qui lui ont permis pendant des années de réaliser des miracles : des sculptures antiques en chocolat, des assiettes en sucre de toutes les couleurs, des loukoums à la rose en forme de madeleine... Artiste de l'aliment, il donne le goût à voir et à toucher, manie les ingrédients comme un peintre les couleurs, avec une dose de féérie. À le voir saupoudrer les plats d'épices comme un sorcier le ferait d'une poudre magique, on repense à un épisode de sa jeunesse qu'il nous a raconté la veille.

Il voulait tester une recette de *L'Art culinaire* du gastronome romain Gavius Apicius : du homard au malobathre. Il trouve le crustacé, manque la plante dont raffolait Apicius, et qu'il imagine avoir le goût du patchouli. Qu'à cela ne tienne : il achève le homard dans une énorme marmite d'eau bouillante et ajoute en substitution une goutte, une seule, de ce précieux parfum. Instantanément, la réalisation embaume le voisinage à des kilomètres à la ronde de ses notes boisées et puissantes.

« Stop ! Ça suffit, le parmesan, il y en a beaucoup trop ! » Régis est distrait, et Pierre le gourmande gentiment. Ce jour-là, les trois élèves adultes n'ont pas l'intention d'apprendre à cuisiner : ils sont déjà aguerris, mais curieux de découvrir les préceptes de l'alimentation dans l'Antiquité et de mieux connaître leur nouveau voisin. Car Pierre a quitté ses fourneaux normands il y a deux semaines à peine pour prendre une nouvelle route. En attendant de poser ses bagages, ici ou un peu plus loin vers Marseille, parler de son amour de la cuisine est pour lui une manière de remercier ceux qui l'ont accueilli comme un ami.

« Je t'ai mis de la crème dans une casserole, je te laisse verser le parmesan et le faire fondre tout en délicatesse. Ensuite, tu ajouteras le sucre avec un trait de jus de citron... » Thalia s'étonne : du sucre, du citron ? Pour une recette antique ? « Les antiques sucraient leurs plats

« UN BON VIN EST UN BON VIN, UN BON PLAT EST UN BON PLAT. SI TU PRENDS UN BON PLAT AVEC UN BON VIN, TU FLINGUES LES DEUX »

avec du miel et du raisin sec, explique Pierre, et le sucre était connu, mais utilisé seulement par les apothicaires, pour faire baisser la tension. Mais moi je soutiens qu'il est impossible que pendant mille ans on ait eu cette matière entre les mains sans s'en servir pour la cuisine ! » Quant au citron, ce n'était certes pas l'agrume de l'époque, qui ne connaissait que l'orange amère, « mais les anachronismes ne me gênent pas lorsqu'ils sont dits ». La leçon théorique peut commencer. « Ce que je vais vous expliquer aujourd'hui ne concerne qu'une toute petite partie de l'Antiquité, entre la Rome républicaine et la Rome impériale. »

La cuisine de cette époque, Pierre Moussaoui l'a découverte... en faisant du foie gras. Sur le tard. Après des études de gestion à la fac de Caen qui le conduisent au service « fusion-acquisition » d'un grand groupe de distribution, il décide finalement, à 26 ans, de passer son CAP cuisine pour lequel le restaurant *La Haie tondue*, dans le pays d'Auge, le prend en apprentissage. « Je suis tombé sur une cheffe, Mme Tolmais, qui m'a tout donné. Une petite dame d'un mètre cinquante, polie et discrète, qui avait fait de l'épicerie familiale un restaurant gastronomique. Elle ne m'a pas appris seulement les techniques de cuisine, aussi l'amour du travail bien fait. Elle ne se trompait jamais en coupant à l'œil un morceau de viande de 180 grammes, et nous laissait nous améliorer sans jamais nous humilier. » De tous les apprentis qu'a formés Mme Tolmais, elle dit que Pierre était le seul à n'être pas là par défaut.

Après cette année d'alternance, Pierre Moussaoui se lance donc dans le foie gras : « J'étais fasciné par l'idée de fabriquer quelque chose d'extraordinaire avec rien, un produit noble avec des abats. » Il s'installe dans une ancienne ferme laitière à quelques kilomètres de Caen, avec ses canards, son laboratoire et ses précieux livres. C'est dans un manuel d'histoire de l'alimentation qu'il découvre que la technique du foie gras a été inventée par les Égyptiens, puis transmise aux Grecs et aux Romains. Il veut aller plus loin, se documente.

La subtilité avec laquelle les antiques décrivent la palette des goûts le fascine. Nous, n'en avons retenu que quatre : salé, sucré, amer, acide. Il y a deux mille ans, on parlait aussi d'insipide, pour dire « neutre », comme le pain blanc que l'on utilise pour goûter du beurre ; de piquant, pour le poivre et les piments ; de gras, au pluriel ; et d'acerbe, le goût sur lequel Pierre a le plus travaillé. Ce sont les saveurs métalliques, du sang, des haricots en boîte, de la sueur, celles de l'ail et de l'oignon, qui dégagent des odeurs presque corporelles.

« Oh, la vache ! » Le caramel s'est rappelé au bon souvenir de Régis, mais un peu tard ! Le viticulteur est confus. Une pincée d'élixir, et Pierre rend le bloc de sucre à sa forme liquide. Thalia a déballé la feta pour le plat de résistance – façon de remplacer le lait de brebis que les Romains faisaient cailler avec de la sève de figuier. Dominique a coupé les concombres du jardin et pilé les pois chiches. Les recettes sont simples, sans manières.

Aussi magique soit-elle, la cuisine de Pierre se refuse à un philtre surnaturel, celui des colorants alimentaires. Ils ont investi les rayons des magasins aussi bien que les laboratoires des restaurants, notamment le dioxyde de titane pour « dorer » les plats.

« Pendant l'Antiquité aussi on rajoutait des choses dans les ingrédients, précise Pierre, mais c'était pour en augmenter le poids : un peu de sable dans la farine, des cendres dans le poivre. Aujourd'hui, on ajoute des nanoparticules qui ne se dégradent pas dans l'organisme. » Le dioxyde de titane, il ne l'utilise que pour illuminer ses sculptures en sucre, qui ne se mangent pas. Et il réserve les colorants, comme le E122, dit cochenille, à ses tableaux – car il peint autant qu'il cuisine. « J'en ai laissé certains au soleil pendant des années, la couleur n'a jamais bougé. Je me dis que quand on avale ça… »

À ceux qu'il nourrit, Pierre ne veut pas transmettre que des vitamines et des nutriments. « Je ne pense pas bêta-carotène dès que j'épluche une carotte. Mais je suis persuadé qu'un aliment transporte la façon dont on l'a fait, cuisiné, assaisonné. » D'où l'intérêt d'y mettre un peu d'amour…

Discrète depuis le début du cours, Dominique écoute avec attention. Pédopsychiatre, elle s'intéresse au lien entre alimentation et état psychique et travaille avec Pierre sur un projet d'ateliers de « médiation thérapeutique culinaire », à destination des personnes souffrant d'anorexie, de boulimie ou d'autres troubles alimentaires. Le principe : « Réparer des malaises dont l'aliment est en général cause et/ou conséquence. » Dominique souffre elle-même de dyspepsie, un trouble de la digestion qui provoque une sensation de malaise juste après un repas. Baptisés « cuisiliance » et destinés à être prescrits en centres médico-psychologiques ou en centres d'addictologie, ces ateliers s'appuieraient sur des entretiens, des séances de goût, des visites de marchés, de supermarchés, de producteurs…

Le caramel a retrouvé son aspect crémeux, et les concombres à la Jugurtha sont à point. Régis dresse la table et ouvre une bouteille de son cru, un Château-Saint-Michel-du-Viala. Pierre remarque : « Un bon vin est un bon vin, un bon plat est un bon plat. Si tu prends un bon plat avec un bon vin, tu flingues les deux. » Régis hésite une seconde, et se sert finalement un grand verre. Il est là pour bouffer, pas pour faire une expérience. Santé ! Le plat chaud est une explosion de saveurs, miel, feta, concombres et carottes encore croquants malgré la longue cuisson, curcuma, graines de cardamome… des arômes qui se combinent sans se superposer. Thalia retrouve un peu la saveur des soupes de son enfance, en Norvège, que ses parents arrosaient de mélasse pour qu'elle passe mieux.

Pendant qu'élèves et hôtes savourent et commentent, Pierre allume une cigarette. Combien de temps restera-t-il dans la région ? Le musée d'archéologie de Marseille l'a contacté pour ses compétences en cuisine égyptienne. Mais ici, un restaurant est à vendre, et qui l'intéresse. Une guinguette sur le canal du Midi. Cette voie d'eau d'habitude si majestueuse a perdu tous ses platanes. Le chancre dit « coloré » a eu raison d'eux… Pas de quoi consoler le peintre-cuisinier, qui trouve aussi son inspiration dans les paysages. C'est en découvrant les marbres de Naples que Pierre Moussaoui s'est lancé dans le chocolat ; en admirant les verres anciens du musée archéologique de Tipasa, en Algérie, qu'il s'est mis à sculpter le sucre. À quelques kilomètres de là, les falaises et précipices de la cité médiévale de Minerve lui inspireront d'autres plats, aussi bien que des tableaux. Agir sur le monde par la cuisine, oui, mais laisser aussi le monde agir sur sa cuisine. ♦

JULIE GACON est journaliste à France Culture. Après avoir sillonné les territoires en quête d'instantanés de vie pour l'émission *Sur la route*, elle présente désormais l'émission *Les Enjeux internationaux*. Elle y met l'accent sur les tendances durables en géopolitique, économie, démographie, ainsi que sur les rapports de force régionaux.

GUILLAUME LONG est dessinateur de bande dessinée et illustrateur de presse. Diplômé des Beaux-Arts de Saint-Étienne, il tient depuis 2009 un blog gastronomique pour lemonde.fr, « À boire et à manger », adapté en quatre volumes de BD chez Gallimard, entre 2012 et 2017. L'intégrale de sa série pour la jeunesse *Tétine Man* vient de paraître chez Didier Jeunesse.

« LE FROMAGE BLANC DOIT SENTIR LA FERME »

Cette famille d'agriculteurs du Pas-de-Calais vend ses laitages ainsi que ses fruits en direct à des consommateurs de plus en plus amateurs de produits vrais. Surtout au moment du confinement.

Reportage de **JEAN-LOUIS LE TOUZET**
Photographies par **RICHARD BARON**

LA FERME DU WINT, sur la commune de Brunembert dans le Pas-de-Calais – 418 habitants –, s'élève sur une colline soudée par l'arrière à la forêt domaniale de Desvres. C'est facile à trouver : au calvaire, nouvellement restauré, c'est à gauche.

La famille Leduc a tous les dons. Mickael, le benjamin, a la charge du verger et de la fabrication du cidre et du jus de pomme ; Nicolas, le cadet, supervise l'élevage (trente-cinq laitières, dont des races rustiques) ; Isabelle Deléglise-Leduc l'aînée, 48 ans, caille, affine les fromages (pâtes molles et dures) et gère la facturation ; enfin, l'épouse de Nicolas, Laetitia, élabore les fromages blancs à partir du lait cru : « Nous sommes quatre associés dans l'exploitation, et on ne parle jamais de teneur en matière grasse entre nous », ironise Isabelle.

La ferme de 67 hectares a été transmise par les parents, Alain et Monique, qui s'étaient lancés dans les années 1970 dans la polyculture et l'élevage (vaches laitières, porcs, volailles). À une époque où l'on ne parlait pas encore d'agriculture bio, Alain, aujourd'hui décédé, a été « traumatisé », raconte sa fille, par les primes à l'arrachage dans les vergers du Nord-Pas-de-Calais[1]. Il a alors décidé de tout replanter, soit neuf hectares de vergers : pommes à cidre et variétés de pommes plus sucrées, vendues en vrac. Mais selon la saison, ici, on cueille aussi poires, framboises et cassis le long des 18 kilomètres de clôtures à entretenir. Et de la rhubarbe pour les tartes.

Une boutique, dans la ferme, a été ouverte par les parents Leduc en 1998, où cidre, jus et eaux-de-vie étaient alors commercialisés. C'est d'ailleurs toujours Monique, la mère, qui répond au téléphone : « On a voulu garder la ligne, et maintenant ça sonne chez elle. Maman fait secrétaire et cuisinière : tous les midis, on mange chez elle », dit Isabelle en riant. Les parents Leduc ont transmis à leurs enfants la passion du goût et de la cuisine : « C'est simple, toujours local et jamais de produits transformés », précise-t-elle.

Pour des « raisons administratives » sur lesquelles ne s'étend pas Isabelle, la distillation a été arrêtée il y a deux ans. Mais on comprend : lourdeur des déclarations, transport d'alcool, contrôle des douanes. Ces « raisons » ont mis

1. Versées par la Commission européenne, ces primes destinées à encourager l'arrachage des pommiers, poiriers et pêchers devaient permettre une diminution de la production, qui s'était envolée avec la modernisation de l'agriculture après la guerre.

2. Famille fondatrice et propriétaire du groupe Auchan.

un terme à « la goutte » à 47 % dont il reste encore quatre bouteilles en rayon, en vente pour 25 euros.

Dans les années 2000, un grossiste de l'agglomération de Lille à qui les Leduc vendaient leur cidre et jus de pomme les sollicite : « Dites donc, pas moyen de trouver du fromage blanc bio dans la région. On m'en demande de partout ! Vous pourriez nous en fabriquer et nous le livrer ? » « En fait, c'est parti de ce coup de fil qui nous a mis le pied à l'étrier et d'une demande de Lillois qui voulaient retrouver le goût du fromage de leur enfance, ou celui qu'ils avaient goûté dans la région », avance Isabelle.

À ses côtés, Laetitia, yeux bleus rieurs, a l'assurance tranquille de celle qui sait que le monde peut s'écrouler – ou qu'il s'est déjà écroulé – et qu'il restera toujours, route du Wint à Brunembert, un dernier bastion du goût : « Le fromage blanc doit sentir la ferme. Ici, on fabrique tout au lait cru. Sinon ce n'est pas du fromage blanc. Ni du fromage, d'ailleurs. C'est autre chose. » Oui, mais quoi ? Laetitia avec un ton égal et cette confiance dans son propre savoir-faire : « Vous avez goûté un Danone ? » C'est le nom qui lui vient à l'esprit. « Pas de goût. Rien. C'est pourquoi les clients achètent chez nous : ça doit sentir la vache. »

À la vérité, il n'y a pas ici de recettes. Ou plutôt il n'y en a qu'une : le cheptel, composé de rouges flamandes, de montbéliardes et de croisements avec des prim'holstein. Les laitières sont dans la pâture ou nourries, comme en ce début octobre, avec le moût de cidre sorti du pressoir et qu'il faut laisser sécher quelques jours à l'air libre – et avec du foin. Elles sont conduites à la salle de traite construite en chêne, tout comme l'étable qui est bardée du même bois : « Pourquoi faire compliqué quand on est entouré de forêts ? » fait Nicolas dans sa combinaison à double fermeture, en tendant un bras vers les champs.

Isabelle réagit aux propos de sa belle-sœur en riant : « Vous savez je ne suis réfractaire à rien. Sauf aux grandes surfaces. » Et, on imagine, aux Danone. Il y a comme une délicieuse ironie de savoir que la famille Leduc livre ses fromages et jus à La Ferme du bois l'Abbé, à Saint-Martin-Boulogne, qu'achalandent les producteurs locaux de viande et de produits laitiers. En effet, ce petit magasin accolé à un « drive fermier » fait face à l'hypermarché Auchan et à son propre drive : « Je crois que les géants de la distribution n'ont pas compris que le monde avait changé, et les habitudes des consommateurs aussi. Ils ont, semble-t-il, perdu la main. Bah, je ne m'en fais pas pour la famille Mulliez[2] », dit-elle d'un ton goguenard.

Page d'ouverture :
Tomme du Wint en cours d'affinage.

Page de gauche :
Verger en fin de récolte, à la mi-octobre.

Ci-dessous :
Isabelle Leduc.

« LES GÉANTS DE LA DISTRIBUTION N'ONT PAS COMPRIS QUE LE MONDE AVAIT CHANGÉ, ET LES HABITUDES DES CONSOMMATEURS AUSSI »

« ON VEUT RESTER DES AGRICULTEURS BIO, PAS RENTRER DANS UN PROTOCOLE INDUSTRIEL QUI DÉNATURERAIT CE QUE NOS PARENTS NOUS ONT LÉGUÉ »

C'est en 2012 que l'exploitation a connu un tournant majeur : Isabelle, dont l'époux travaille « au Tunnel[3] », était salariée dans une grande société d'assurance « comme gestionnaire de patrimoine ». Si elle était attachée à son travail, dit-elle, elle l'était encore plus à ses parents, à ses frères et surtout à la ferme. L'idée de faire un fromage bio lui trottait dans la tête depuis un bon moment. Elle se souvient de la première réaction de son frère Nicolas, à la tête de l'exploitation laitière, quand elle s'est ouverte à lui de son changement de métier : « Oh non, t'es vraiment trop chiante... » Et lui de demander une énième fois : « Qu'est-ce que tu veux faire au juste » ? Elle, répétant son idée fixe : « Du fromage bio. Mon fromage... » Elle met alors un terme à son activité de conseil patrimonial et s'en va suivre une formation d'un an dans une exploitation de la région, pour se familiariser aux différents procédés d'élaboration. Fin 2012, elle donne naissance à son quatrième bébé, celui dont elle rêvait : le pavé d'Isa. Aujourd'hui, six fromages bio sont au catalogue : faisselle, blanc, mimolette, pavé de l'Allou, pavé d'Isa, tomme.

En plus de la fabrication des fromages, Isabelle assure la livraison en fourgon Mercedes équipé d'un caisson frigorifique. Le mardi, c'est tout le Boulonnais qui est desservi. Le jeudi, l'agglomération lilloise. Laetitia, elle, couvre l'Arrageois. L'Avesnois et l'Escaut, soit l'est du département du Nord, ne sont pas desservis : trop loin et trop coûteux en transport. « Je parcours déjà plus de 400 kilomètres le jeudi... souffle Isabelle. Puis le soir, il y a la compta, ajoute-t-elle souriante, mais un peu fatiguée par le rythme. Mon mari me freine parce que je serais encore à la ferme. »

La demande a littéralement explosé depuis mars et avril, dans les 150 dépôts fermiers que livrent Les Vergers de Brunembert. Un exemple ? « Au Bois l'Abbé, on leur a livré cinquante à soixante pots de fromage blanc de 500 grammes chaque semaine pendant le confinement, contre une moyenne de vingt à vingt-cinq. Pour nous, c'est beaucoup », explique Isabelle, qui souligne que la période de confinement a vu le chiffre d'affaires de l'exploitation bondir de 35 % : « Pour autant, on ne tient pas à grossir davantage. » Les Leduc s'apprêtent pourtant à se lancer dans la production de champignons de Paris, tablant sur une estimation de 30 tonnes par an dès l'année prochaine. Pour Isabelle, cet investissement de plus de 80 000 euros confirme la confiance qu'ils ont dans la « niche » du circuit court, mais ne change pas les principes : « On livrera en vrac ou en barquettes en bois les mêmes magasins collectifs que ceux avec qui on travaille déjà. Voire les petits points de vente dans les fermes du Boulonnais. »

Dans l'ancienne étable qui lui sert de bureau, la carte des deux départements, le 59 et le 62, est constellée de points de vente, y compris des fermes. Isabelle prend un exemple pour mieux illustrer son propos : « Si on devait se lancer dans les marchés de la région, cela nécessiterait une personne de plus à plein temps. On a déjà une salariée à ce rythme et une autre à mi-temps. Par ailleurs, dit-elle, j'ai refusé dernièrement de mettre en pots de 125 grammes le fromage blanc que je livre d'habitude en magasin en pot de 10 kilos. C'est trop de déchets plastiques et trop de manutention. Tant pis si on perd le marché... » Elle se montre absolument certaine de la qualité : « Je ne relance pas les clients. Comme ces dépositaires parisiens qui ont un temps commandé de la mimolette bio. Parfois, j'ai des nouvelles un an après. Ou pas », dit-elle en avec cette franchise désarmante.

Puis il y a surtout une limite infranchissable : les 150 000 litres de lait, sur les 230 000 qui sont transformés chaque année pour la fabrication des fromages. « On ne va pas se mettre à acheter du lait à d'autres producteurs pour fabriquer nos fromages. Ça n'aurait pas de sens... On veut rester des agriculteurs bio, pas rentrer dans un protocole industriel qui dénaturerait ce que nos parents nous ont légué. On ne veut qu'un seul intermédiaire entre nous et l'acheteur. Et c'est ce que souhaitent aussi les clients. »

Avec le recul des derniers mois, Laetitia observe : « Le confinement a poussé une clientèle nouvelle à se rapprocher de nos points de vente, y compris celle qui achète dans les fermes. C'est parce qu'elle se sentait en sécurité : pas de queue à faire, pas de kilomètres à faire, pas de bousculade aux caisses, pas de promiscuité. Mais une fois le confinement levé, les gens ont repris leurs habitudes : la grande surface. » Isabelle acquiesce, en ne blâmant personne : « Les gens qui ont leurs habitudes à l'hypermarché, de toutes les façons, ne viendront pas acheter nos produits, à la ferme ou dans les points de vente. »

Il est près de 18 heures. Nicolas enfourche son vélo et descend la route du Wint – du « vent », en patois flamand – en appuyant fort sur les pédales pour rejoindre ses vaches dans la pâture. C'est l'heure de les ramener à l'étable pour la traite du soir. On a beau habiter à la campagne, il y a toujours un grincheux derrière son volant pour râler contre le troupeau. Les fromages au lait cru demandent de la patience. ♦

3. Le tunnel sous la Manche.

Page de gauche, en haut :
Pommes rouges Valstar du verger.

Page de gauche, en bas :
Le point de vente dans la ferme.

JEAN-LOUIS LE TOUZET est journaliste. Il a travaillé au quotidien *Libération*, pour lequel il a suivi le Tour de France pendant vingt ans. Ses chroniques ont paru dans un recueil intitulé *Un vélo dans la tête* (Stock, 2014). Grand reporter, il a couvert plusieurs conflits au Proche-Orient et en Afrique. Son reportage consacré à la fille de Kadhafi a reçu le prix Louis-Hachette pour la presse écrite en 2012.

RICHARD BARON est photographe. Diplômé de l'Institut supérieur des arts de Tournai, en Belgique, il collabore régulièrement à la presse nationale (*Le Monde*, *Télérama*, *La Vie*, *Libération*...). Son dernier livre, *Escale*, réalisé avec la sociologue Elizabeth Gueuret, est paru en 2013 aux Éditions Light Motiv.

REPORTAGE

DU BIO POUR LES PLUS MODESTES

par FERIEL ALOUTI

Depuis trois ans, le Secours populaire propose à une quarantaine de familles marseillaises un panier de fruits et de légumes bio. Chaque semaine, elles peuvent manger ainsi de manière plus équilibrée.

COMME TOUS les mardis, vers 17 heures, aussitôt son camion garé, Willie Lenadier, maraîcher dans le Vaucluse, déplie son étal et y installe deux balances avant de décharger sous un soleil de plomb des dizaines de cagettes. Ce jour-là, il est aidé d'Ernesto[1], retraité au dos fatigué, et d'Ibrahim, réfugié soudanais. Pendant ce temps, d'autres se plaignent de l'été qui n'en finit pas, demandent des nouvelles des enfants, tout en commençant à former une file d'attente. « Avant les sous, le masque », prévient Hadia Chebout, bénévole au Secours populaire. Depuis trois ans, l'association, en partenariat avec les Paniers marseillais, un réseau de consommateurs, distribue à une quarantaine de personnes un panier issu de l'agriculture biologique. Pour trois euros par semaine, ces familles profitent de fruits et légumes de saison récoltés le jour même ou la veille, les quinze euros restants étant financés par des dons.

« Avant le panier, je ne mangeais quasiment pas de légumes », reconnaît Naïma, qui reçoit dans son petit appartement du centre-ville de Marseille. Depuis près d'un an, cette quadragénaire au sourire solaire et à l'allure soignée n'hésite pas à faire une heure de trajet pour récupérer les cinq précieux kilos de fruits et légumes : « Même pendant le confinement, j'y allais, malgré le risque d'attraper le virus. » Hôtesse d'accueil depuis vingt ans, Naïma, qui élève seule ses deux filles de 14 et 16 ans, gagne environ 900 euros par mois. De quoi payer son loyer et ses charges. Mais, pour ce qui est de la nourriture, difficile avec de tels revenus d'adopter une alimentation saine et équilibrée.

Grâce au panier, cette cheffe de famille peut désormais « varier les légumes » et redécouvrir le goût des bonnes choses. « Quand on mange une tomate, on sait que c'est une tomate », dit-elle en mimant le geste de manière gourmande. Bénéficier d'une telle initiative la « force » également à cuisiner. Hot-dog, pommes de terre, steak frites et gratins dauphinois ont cédé la place à des ratatouilles, des quiches aux légumes, des poivrons grillés, des chakchouka et des aubergines frites, des plats que lui préparait fréquemment sa mère, arrivée du Maroc dans les années 1970. Elle apprécie également les quelques fruits cultivés par le maraîcher, comme les melons et les

1. Seuls les prénoms sont indiqués afin de conserver l'anonymat des personnes.

fraises. Tout le monde en parle, de ses fraises. Juteuses et sucrées à souhait, elles réconfortent des cœurs souvent malmenés.

Malek, lui, a « toujours eu le souci de bien se nourrir ». « Mais le panier a accentué cette envie et nous a permis d'augmenter notre consommation de légumes. Normalement, avec trois euros, vous achetez deux kilos de tomates venues d'Espagne et blindées de pesticides », relève-t-il, attablé à un café d'une galerie marchande située dans les quartiers nord de la ville. À 46 ans, cet agent de nettoyage au visage rond a appris avec les paniers à cuisiner d'autres légumes. Comme la courge, distribuée l'hiver en abondance. Avec son épouse, il la prépare en soupe, en purée ou bien en petits dés jetés dans la poêle avec un peu d'ail. De même pour l'aubergine, « un légume qui ne nous attirait pas ». Il en fait désormais des moussakas et des ratatouilles. Il évite aussi davantage les produits transformés tels les chips, la charcuterie sous vide, les conserves et les plats tout préparés, par exemple ces carottes râpées « à 65 centimes d'euros la barquette, mais avec combien de conservateurs ? » « On tombe un peu dans le piège des sodas ; de même pour les jus, c'est de l'industriel… » C'est d'ailleurs pour limiter ces gestes de consommation que l'association a monté, il y a quelques années, des ateliers de lecture d'étiquette, afin d'y repérer les addi-

« ON CONNAÎT LES PROTÉINES, LES FÉCULENTS, LES CINQ FRUITS ET LÉGUMES PAR JOUR, MAIS POUR LE METTRE EN PRATIQUE… »

tifs appréciés de la grande distribution. Depuis cet automne, des bénévoles envoyés par une mutuelle transmettent également quelques conseils diététiques.

Ce mercredi midi, Naïma prépare pour l'une de ses filles une sauce tomate qu'elle servira accompagnée de riz ou de pommes de terre. En quelques minutes, la mère célibataire découpe tomates, poivrons et oignons. Elle déverse le tout dans un grand fait-tout, ajoute un peu d'huile d'olive et quelques pincées de paprika. Dans son réfrigérateur, aucune trace de produits transformés, à l'exception d'un jus de fruits – « il était à - 80 % », se défend-elle. « Dès que je vois une promo, j'achète et je stocke. Sans ça, je ne m'en sortirais pas... » Naïma passe, en effet, plusieurs heures par semaine à débusquer les meilleures offres. Chaque mardi, elle consulte sur son smartphone une application qui répertorie les promotions des grandes enseignes. Et n'hésite pas à emprunter deux bus pour aller dans un magasin, puis deux autres, suivis d'un métro. Elle en revient avec des paquets de pâtes d'un kilo à moins de 50 centimes d'euros ou de l'agneau à 8 euros le kilo.

Pour elle comme pour Malek, les paniers représentent une véritable opportunité pour varier un régime alimentaire avant tout soumis aux contingences économiques, quel que soit le moment de l'année. Naïma attend ainsi le mois de janvier pour faire le repas de Noël, « quand le foie gras et le saumon sont bradés ». « Manger bien, ça s'apprend, reconnaît Malek. Nous, on sait tout ça, on connaît les protéines, les féculents, les cinq fruits et légumes par jour, mais pour le mettre en pratique... » Surtout en fin de mois quand les comptes sont dans le rouge. Ces jours-là, il y a toujours le sac de pommes de terre de 10 kilos qui « rend bien service », dit-il.

Pour faire ses courses, Malek se rend lui aussi dans les supermarchés discount, ainsi qu'au marché aux puces, adresse bien connue des Marseillais aux fins de mois difficiles. Il y trouve des cagettes de petits pois et de haricots verts à prix réduits, « des légumes qui restent chers », note-t-il. Des œufs également, « élevés en batterie ». Plus délicat, en revanche, de consommer du poisson, mis à part quand il y a des réductions sur les sardines, le maquereau ou le merlan, des espèces bien moins nobles que le poulpe de roche ou les huîtres de Bouzigues, appréciés dans la région. C'est pourquoi le Secours populaire planche sur un projet de « panier de la mer ». Pour le concrétiser, l'association cherche à sceller un partenariat avec un ou plusieurs pêcheurs de la région. Une manière de permettre à des habitants d'une ville côtière qui vivent le plus souvent loin de la mer d'animer des papilles gustatives parfois malmenées. ♦

FERIEL ALOUTI est journaliste. Installée à Marseille, elle a notamment collaboré au *Monde*, à *Médiapart*, au *Nouvel Observateur* et aux *Inrockuptibles*.

BENOÎT GUILLAUME est graphiste et dessinateur. Il a réalisé en 2013, avec Barbara Malleville, le court métrage *Encore des changements*, d'après un texte d'Henri Michaux, et publié en 2018 une bande dessinée adaptée du livre de Marie Ndiaye, *La Sorcière*.

REPORTAGE

« MON RÉGIME ALIMENTAIRE, C'EST UBER EATS »

par GAËLLE CARADEC

Nous avons convié autour d'un pique-nique quatre jeunes Lyonnais pour discuter de leurs goûts. Ils mangent très différemment et s'en expliquent.

À L'OMBRE d'un marronnier du parc de la Tête d'or, à Lyon, ils étendent une nappe. L'été tire sa révérence. La jeune femme replace ses lunettes de soleil sur sa tête. Son jean est faussement élimé, ses épaules droites et ses cheveux nattés. À ses côtés, un gaillard mesurant 1 m 97, des loups tatoués sur l'avant-bras, le visage franc et le regard doux. Un autre jeune homme peine à trouver la position la plus confortable pour son corps longiligne et nonchalant. Le dernier invité, attentif derrière ses lunettes, porte une chemise repassée au col officier, un pantalon et une boucle d'oreille noirs.

ANNA FRAIZY J'ai 26 ans, je travaille dans l'audit financier et je suis végétarienne. J'ai préparé une salade de chou kale à la patate douce et au quinoa, des muffins pomme, cannelle et flocons d'avoine. Là, des biscuits apéritifs achetés en vrac et une de mes boissons préférées : le kombucha[1].

AMIR BENALI J'ai 20 ans. Mon régime alimentaire, c'est Uber Eats[2]. En licence d'informatique, j'en ai fait une habitude entre les cours. Aujourd'hui, nous sommes allés chercher notre repas avec Yohan dans une chaîne lyonnaise de burgers haut de gamme. Comme je mange halal, j'ai pris un veggie.

YOHAN PARK Et moi, un burger avec du bœuf et du lard. J'ai 22 ans et j'entre en master de biochimie. Ce qui détermine mon régime alimentaire, c'est l'état de mes comptes.

LÉO BARRE Je suis boucher. La viande tient une place importante dans mon régime alimentaire mais, comme je fais du sport et que je cuisine, je fais attention à le varier. J'ai apporté du pâté en croûte au poulet et aux tomates confites, du taboulé, un saucisson, du jambon blanc à la truffe et du pâté de tête de porc noir de Bigorre[3]. Et de l'eau, je n'aime pas les sodas.

ZADIG *Qu'y a-t-il dans vos frigos ?*

AMIR Aucune idée. Ma mère s'en occupe, et je mange rarement chez moi. Je sais cuisiner mais je ne le fais pas, c'est trop long. Ce que je préfère faire, c'est le poulet du général Tao, avec sa friture et sa sauce sucrée salée.

YOHAN Beaucoup de racines de lotus. Je les cuis une heure dans de la sauce soja et de l'eau. Ça prend du temps, mais c'est moins cher que de les acheter déjà faites. J'aime bien cuisiner des plats coréens. Je vis en France depuis le collège, mais je suis de nationalité coréenne. Ma famille est repartie en Corée du Sud, il y a quelques années.

1. Thé glacé fermenté.

2. Application de livraison de plats cuisinés lancée en France en 2016.

3. Appellation d'origine protégée pour ces porcs des Pyrénées centrales.

EST-CE QUE JE SERAIS CAPABLE DE TUER UN ANIMAL ? NON. ALORS POURQUOI EST-CE QUE JE LAISSERAIS QUELQU'UN D'AUTRE LE FAIRE ?

ANNA Il y a toujours des yaourts au soja, à la banane ou au goût fleur de sureau et de pêche. Il y a aussi du lait végétal, des légumes, du tofu, du tempeh[4].

LÉO J'ai tout le temps des filets de poulet, des légumes et quelques bières. Mes parents me donnent des barquettes de leur restaurant. À part les sauces, je n'ai jamais de nourriture transformée.

ANNA Quel type de restaurant tiennent tes parents ?

LÉO Un restaurant de campagne. Ils servent des truites, des grenouilles, des civets…

ANNA Qu'est-ce que vous mangez pour les fêtes ?

YOHAN En Corée, on fait du japche[5], des nouilles de patate douce revenues avec du bœuf et des légumes, aussi des côtes de porc braisées ou de la viande marinée. Chacun a son bol de riz et les plats sont au milieu de la table.

AMIR Pour l'Aïd, toute la famille se retrouve aussi autour de plats à partager. Celui que je préfère, c'est la chakhchoukha de Biskra[6] : des feuilles de semoule, que l'on déchire et qu'on met en sauce avec de l'eau, des épices et de la viande. On a déjà fait Noël aussi, avec du saumon, des fruits de mer et de la paella.

LÉO Nous n'avons pas vraiment de plat typique de Noël. Parfois, j'apporte de la viande maturée, vieillie d'un mois environ.

ANNA Chez moi, c'est le même menu depuis que je suis née : saumon, volaille aux marrons, escargots, bûche glacée, clémentines et papillote. Je fais passer les plats de viande sans me servir, mais si on me sert de la viande, je la mange. Avec ma famille, je ne fais pas la difficile.

ZADIG *Être végétarien, c'est se montrer difficile ?*

ANNA Non, mais j'assouplis mon régime pour faire plaisir. Et parfois pour me faire plaisir, même si la viande discount que je mangeais quand j'étais étudiante m'a dégoûtée.

LÉO En boucherie, la viande est bien meilleure. Ce que j'aime dans mon métier, c'est imaginer le morceau à partir d'un demi-bœuf plein d'os, de gras, de nerfs. Une cuisse seule pèse environ 80 kg. *(Yohan manque de s'étouffer.)* Il faut manger moins de viande mais de meilleure qualité. Et respecter l'animal. J'ai regardé la dernière vidéo de L214[7] dans un élevage de canards. Les cages étaient pliées, les animaux empalés. *(Il grimace de dégoût.)* Ça ne devrait pas exister. En plus, ça fait de la mauvaise viande. Heureusement, ce n'est pas la norme.

ANNA Et ce n'est pas normal. Est-ce que je serais capable de tuer un animal ? Non. Alors pourquoi est-ce que je laisserais quelqu'un d'autre le faire ? Si je devais tuer une vache, je serais bouleversée. Un poulet, peut-être

4. Aliment indonésien à base de soja fermenté.

5. Aussi écrit « japchae ».

6. Plat traditionnel algérien, ici tel qu'il est cuisiné dans la région de Biskra, à la frontière est du Sahara.

7. Association antispéciste de défense des animaux fondée en 2008, réputée pour ses vidéos dénonçant les conditions d'élevage et d'abattage des animaux dans certains établissements.

moins. Pour moi, nous sommes trop déconnectés de la fabrication de la viande.

AMIR Effectivement, la viande n'est plus vue comme un animal, mais comme une barre de chocolat, sans vie. Pour la viande halal, l'animal est égorgé entre deux os précis du cou. La première fois que j'ai vu un animal se faire égorger, c'était un mouton. Je jouais avec et après, c'était fini.

YOHAN J'ai vu deux fois mon grand-père chasser du paon. *(Un temps de sidération, puis tous rient de bon cœur.)* Le plus embêtant était de le déplumer et d'enlever les boyaux.

ZADIG *Comment gérez-vous votre budget alimentation ?*

AMIR Avec les applications de livraison, je ne compte pas. La moitié de ma bourse universitaire y passe. Je commence à réduire ma consommation de fast-foods pour avancer sur d'autres projets – trouver une colocation, par exemple. Pour ma santé, aussi. J'ai repris la natation : deux longueurs suffisent à m'essouffler. Avec mes amis, on essaie de s'inviter pour manger plus sainement. Enfin, cette semaine, j'ai mangé deux fois au McDo et une fois sushis à volonté.

YOHAN Mes finances ont été particulièrement compliquées cet été. Lorsque j'ai commencé mon mi-temps de serveur, je me nourrissais uniquement grâce aux quelques euros de pourboires. Je sautais des repas. J'étais fatigué très rapidement.

ZADIG *Mangez-vous comme vos parents ?*

YOHAN Mes parents mangent beaucoup plus de viande que moi. Au début, je me limitais par obligation financière, maintenant je peux m'en passer facilement.

LÉO Je mange aussi moins de viande que mes parents. Ils en consomment quotidiennement.

ANNA Je mange comme ma mère, mais sans viande. Sur les conseils d'un médecin, elle a toujours varié nos sources de protéines

avec des yaourts végétaux et des steaks de soja.

AMIR Ma mère n'aime pas les fast-foods. Quand je mange à la maison, je mange comme elle.

YOHAN Tu n'as pas vraiment ton mot à dire…

AMIR C'est sûr. Je mangeais tout le temps en famille jusqu'au moment où je suis parti manger devant la télé ou dehors. Depuis, chacun mange de son côté, il n'y a plus de rythme, je culpabilise. Je mange surtout avec mes amis. Je ne commande jamais tout seul, c'est triste. Au fast-food, tout est fait pour que tu passes un bon moment, même si tu le regrettes après.

ANNA Entre un restaurant et des tacos, je préfère le restaurant. Se faire à manger tout le temps, ça prend du temps forcément, mais le régime végétarien ne demande pas plus d'organisation qu'un autre.

LÉO En repos, ça m'est arrivé de cuisiner des joues de bœuf. Elles mijotent minimum trois heures. *(Tout le monde le regarde, estomaqués.)*

YOHAN Seul, je prépare rarement un plat élaboré. Alors que, si je cuisinais pour quelqu'un, j'aimerais vraiment lui faire plaisir et je prendrais plus de temps.

ZADIG *Avez-vous des amis végétaliens ?*

ANNA Aucun. La seule végétalienne que je connaisse essuie beaucoup de remarques : « Ah… Tu es végane, mais tes chaussures sont en cuir, non ? Tu sais que ça vient de la pétrochimie alors ? » Les autres s'attendent à ce qu'elle soit irréprochable par rapport à l'impact environnemental de ses choix.

ZADIG *Êtes-vous vous-mêmes écolos ?*

ANNA Par mon alimentation, oui. Je fais mes courses uniquement en magasin biologique. Mais, à côté de ça, je m'habille principalement chez Zara et je prends l'avion.

YOHAN J'ai l'impression que l'écologie est un choix de luxe, avec l'image du végan qui

« JE FAIS MES COURSES UNIQUEMENT EN MAGASIN BIOLOGIQUE. MAIS, À CÔTÉ DE ÇA, JE M'HABILLE PRINCIPALEMENT CHEZ ZARA ET JE PRENDS L'AVION »

n'achète que des produits d'excellence. C'est le prix qui m'importe en premier, et c'est rare que le bio soit l'option la moins chère.

ZADIG *Il faut être riche, alors ?*

YOHAN Un peu, quand même.

ANNA Plus tu es riche, plus tu consommes et pollues. Sans acheter des steaks de soja ou du bio, il suffit de préférer les lentilles ou les pois chiches pour devenir végétarien. Je le suis devenue par souci d'économie, quand j'étais étudiante. J'ai décidé de le rester, car je ne voyais plus d'intérêt à cuisiner de la viande.

AMIR À mon avis, les consommateurs sont trop pointés du doigt. J'essaie de polluer le moins possible, en ramassant les déchets, par exemple. Mais, selon moi, si des entreprises polluent massivement, les efforts individuels n'ont pas d'effet.

LÉO De plus en plus de clients s'intéressent à l'origine de la viande. Nous leur avons offert des sacs en tissu pour qu'ils reviennent avec. Les plus âgés ont tendance à prendre un sac plastique pour une tranche de jambon. Leurs cabas sont remplis de sacs plastiques. C'est compliqué de changer leurs habitudes.

ANNA Je vous fais goûter le kombucha ? *(Elle leur tend des gobelets réutilisables.)*

LÉO C'est bon ! *(Il en redemande.)*

AMIR *(Il en reprend aussi.)* Moi qui aime bien les sodas.

ANNA *(Fièrement.)* Avec très peu de sucre !

ZADIG *Quel est le plat qui vous fait le plus plaisir ?*

LÉO Purée jambon. Avec son petit volcan de sauce. Je fais ça parfois le soir, ça me rappelle quand j'étais petit.

ANNA Les haricots verts du jardin. Je peux vraiment en manger des quantités. Avec un petit peu de matière grasse et du persil.

YOHAN La viande marinée de ma mère. Elle découpe très finement de la poitrine de porc et la laisse mariner avec des piments.

AMIR Le couscous, ça me rappelle vraiment le plat qu'on partage. Ou la paella. Ou le Happy Meal.

GAËLLE CARADEC est journaliste indépendante. Après une expérience dans un mensuel francophone en Thaïlande, elle rentre en France à l'automne 2018. Elle écrit pour *Les Échos*, *Têtu*, *Le Quotidien du médecin*… Diplômée de l'université Paris-Dauphine en sciences sociales et de l'Institut pratique du journalisme, elle a aussi étudié à la Ryerson University à Toronto.

ALEXANDRE LUU est un illustrateur diplômé de l'École nationale supérieure des arts décoratifs. Il puise son inspiration aussi bien chez David Hockney et Chris Ware que dans les mangas et BD de son enfance.

LE VÉGÉTAL AU CŒUR DE LA GOURMANDISE

Ici, dans l'Aubrac, on vous sert à manger toutes sortes de fleurs. Longtemps honorée de trois étoiles au Michelin, voilà une grande table qui accueille les gastronomes aventureux.

Reportage de **ALWA DELUZE**

IL EST DES SAVEURS qui se goûtent quelques minutes qu'on souhaiterait éternelles, le temps de déguster un « gargouillou ». J'ai eu ce bonheur chez Sébastien Bras, à Laguiole, dans l'Aubrac. Son restaurant doublement étoilé, *Le Suquet*, est classé parmi les quarante meilleurs de l'Hexagone par le *Gault & Millau*.

« Gargouillou », la sonorité semble parfaite pour nommer la potion d'un sorcier. Imaginez plus de quatre-vingts végétaux dans une même assiette : des fleurs entières, des pétales, des légumes crus, d'autres cuits, une multitude d'herbes aromatiques. Ce tableau aux couleurs chatoyantes paraîtrait presque fade comparé aux sensations qu'il procure. Certaines bouchées se montrent rassurantes, d'autres, plus audacieuses, révèlent une amertume inattendue. Une farandole de saveurs d'autant plus fabuleuses que chaque fourchetée est unique. En dégustant le plat phare de la maison Bras, il faut accepter de se livrer au fruit du hasard.

Cette géniale expérience est l'héritage de Michel Bras, le père de Sébastien. À 74 ans, le célèbre cuisinier a cédé son tablier à son fils il y a dix ans, et se consacre désormais au jardin de Lagardelle qui continue d'inspirer la carte du restaurant.

*

Il est 7 heures du matin en cette fin août. Le soleil vient timidement sécher la rosée et éclaire doucement une brume fantomatique. La vue sur les contreforts de l'Aubrac paraît presque irréelle. Derrière une haie, un champ entouré de barbelés marque la présence des vaches qui viennent paître autour du jardin. L'aubrac est une race de bovins rustiques très goûteuse, fierté de la région pour son lait, matière première du célèbre fromage de Laguiole, et pour sa viande. Face à cette ressource du terroir, une splendide bâtisse en pierre, finement rénovée, atteste la réussite des propriétaires. À ses pieds, un jardin d'Éden.

Les carrés de plantation sont légèrement surélevés, évitant à la dizaine de commis en livrée claire de se casser le dos lors de la récolte quotidienne. Le potager de Lagardelle alimente le restaurant gastronomique. La cueillette est confiée aux cuisiniers, à tour de rôle. Les tons multicolores offrent un paysage délicieux au visiteur. Des fleurs, des herbes aromatiques, des plantes méconnues... Ce potager d'un hectare entretenu par deux jardiniers abrite les trésors de la famille Bras : plus de deux cents espèces végétales se côtoient. Importées du monde entier, elles forment un terrain de jeu immense, fascinant et inspirant.

« Michel, il y a de la visite ! » Jonathan, second de brigade chargé de la préparation des légumes, m'introduit auprès de l'ancien chef triplement étoilé. Michel Bras me tend son poignet en guise de bienvenue : il a les mains pleines de terre. Jean élimé, bottes en caoutchouc et vieux pull rayé, le propriétaire des lieux possède l'allure svelte des marathoniens. Ce matin, il est abattu par les dégâts qu'il découvre : des rats sont venus ronger les pieds de courges dans la nuit. « C'est foutu ! »

Se promenant entre les allées, Michel égrène des noms étranges : agastache mexicaine, arroche rouge opéra, chrysanthème comestible... Je repère au loin des plantes qui me sont plus familières : blettes, poireaux, betteraves et une collection impressionnante de basilics. « L'idée de faire un jardin est venue assez naturellement. En premier lieu pour les aromates : nous avons d'abord cultivé ce que nous ne parvenions pas à trouver sur les marchés. »

La passion luit toujours dans les yeux de ce cuisinier qui a consacré sa vie à la recherche de belles expériences gustatives. Pourtant, il a vécu ses débuts comme un sacrifice : « J'étais intéressé par l'aéronautique mais, dans ces années-là, l'aîné devait s'occuper de la famille. » Ainsi, lorsque mémé Bras s'avoue incapable, pour des raisons de santé, de continuer à gérer seule le restaurant, Michel passe un CAP et fait ses armes derrière les fourneaux du restaurant familial. À l'époque, l'établissement accueillait surtout les ouvriers et les représentants de commerce.

« Mon père a toujours été frustré de ne pas avoir eu la possibilité de poursuivre sa

Page d'ouverture :

La baie vitrée de la salle du restaurant du Suquet permet d'avoir une vue panoramique sur toute la vallée.

© CH. BOSQUET / BRAS

Ci-dessus :

La récolte quotidienne de fleurs et d'herbes aromatiques du potager de Largadelle.

© SERVICE DE PRESSE / BRAS

formation, de n'avoir pu faire la tournée des grands chefs avant de s'installer. Sans relations, c'était impossible à envisager », commente Sébastien. Autodidacte, Michel a donc puisé son inspiration dans le territoire qui l'entourait. La clé de sa réussite ? Sa passion pour la course à pied, qui lui a fait emprunter, longtemps avant qu'ils ne soient prisés par les touristes, les sentiers du plateau de l'Aubrac. « J'ai dû créer mon identité avec ce qui était là, à ma portée. » Il évoque toujours avec amour les saveurs du genévrier et la finesse du goût des mûres gorgées de soleil.

Les barquettes garnies de pétales multicolores se remplissent peu à peu : elles sont destinées aux deux services du jour. La fin de la cueillette approche alors que nous entamons à peine notre tour du monde des plantes. Une escale nous mène devant des plants de poivre provenant d'un voyage au Mexique : « Il a mis trois ans à s'acclimater. Là, c'est bon, il est magnifique cette année. » Le chef rapporte comme des trésors des graines et des

IL ÉVOQUE TOUJOURS AVEC AMOUR LES SAVEURS DU GENÉVRIER ET LA FINESSE DU GOÛT DES MÛRES GORGÉES DE SOLEIL

plans de tous ses périples. Les saveurs végétales le passionnent tant que dès les années 1980, il consacre un menu aux légumes. « Au pays de la charcuterie et des tripes, ce n'était pas très bien vu. On disait que chez Bras, on mangeait de l'herbe », se souvient le précurseur. « Ma mère en avait assez de se faire engueuler », glisse Sébastien. Michel Bras a malgré tout continué de se battre.

Nous longeons la serre : « Papi, ça va comme ça ? » Une jeune fille surgit, discrète, elle présente sa récolte à l'œil expert. C'est validé. « Le potager est d'autant plus important que, de nos jours, tout pourrait arriver en barquettes. Chez nous, au moins, les cuisiniers savent que la coriandre ne pousse pas sur les arbres ! »

Les commis se dirigent à présent vers les cuisines du restaurant, situé à 1 200 mètres d'altitude. Pour arriver au lieu-dit du Suquet – « le délaissé », en occitan –, on passe au cœur du plateau de l'Aubrac. Le paysage désertique rappelle les grandes plaines de Mongolie. Seuls quelques burons – des granges en pierres traditionnelles – attestent de la présence humaine. La densité de population est ici l'une des plus faibles de la métropole.

Éleveur engagé en politique et créateur du Parc naturel régional, André Valadier a participé à la sauvegarde du territoire. « On peut dire que la gastronomie, au sens large, a sauvé le plateau », affirme cet agriculteur de 87 ans qui ne fixe toujours pas de rendez-vous à l'heure de la traite. « Les hauts rendements plébiscités depuis la fin de la guerre n'étaient pas compatibles avec la géographie de notre territoire. »

Alors que Michel Bras débute et rêve d'un restaurant gastronomique sur ses terres éloignées, les éleveurs se regroupent et défendent leurs traditions : « Nous avons transformé notre terroir en produits d'exception. Le couteau de Laguiole, qui était l'outil de l'éleveur est devenu un objet de luxe ; l'aligot, ce mélange de fromage, de pommes de terre et de crème fraîche considéré par les anciens comme un plat de récupération, est désormais le mets emblématique de l'Aubrac. Nous avons aussi valorisé le fromage de Laguiole qui puise sa spécificité dans les astuces de conservation de nos aïeux. » Cette âme résistante a fait de l'Aubrac une terre d'avant-garde, rayonnant bien au-delà de l'Hexagone. Et Michel Bras n'y est pas pour rien. Au Suquet, les clients viennent du monde entier depuis plus de trente ans et il faut réserver plusieurs mois à l'avance.

« Alors, on a 63 couverts à midi et 51 ce soir. Bonne mise en place, messieurs. » Régis et Jonathan, seconds de brigade, dirigent les préparations avant le service. La gigantesque cuisine paraît presque étroite lorsque la dizaine de commis se met à l'œuvre. Plus de la moitié

LA FRAÎCHEUR DU POTAGER RESSURGIT AVEC CES CAROTTES RÔTIES AU CURCUMA, CUEILLIES LE MATIN MÊME

se concentrent sur la préparation des légumes, deux cuisiniers sont même chargés de préparer le fameux « gargouillou ». « Je crois que c'est le plat qui demande le plus de préparation », me glisse-t-on discrètement, tout en continuant de répartir les pétales de fleurs de manière équitable.

Tout naturellement, Sébastien, 49 ans, a suivi les traces de son père : « J'ai passé mon enfance ici, ma chambre était au-dessus du restaurant. Mes grands-parents sont agriculteurs, j'ai fait les foins, conduit des tracteurs... En somme, tout ce que font les enfants du pays. J'ai finalement décidé d'être cuisinier, car ce métier réunissait tout ce qui, enfant, me rendait joyeux. » La continuité semble si bien assurée que ç'en est presque troublant : comme Michel, Sébastien continue d'inspirer sa cuisine des richesses du plateau qu'il parcourt plusieurs fois par semaine, mais lui au guidon de son VTT.

Soudain, le chef tourne la tête, son sourire s'efface : « Il est 12 h 40, ce balai est encore en train de se promener ici, et ça m'agace. » Le ton est ferme.

Le beurre à la cistre, une plante de l'Aubrac devenue emblème du restaurant, est servi aux premiers convives, quelques minutes avant le caillé mousseux en amuse-bouche. La signature de la maison est posée dès l'ouverture du repas : quelques jeunes légumes sont lovés dans du lait d'Aubrac, cachés sous un pétale de capucine. Les clients viennent saluer le chef en cuisine, où l'effervescence s'installe. Les gestes sont millimétrés, c'est le début d'un ballet qui va durer plus de deux heures : « Alors, on a un menu sans lapin et un autre sans vinaigre. Pensez au foie gras, je crois qu'il y a un peu de vinaigre dans la préparation ! » Les contraintes alimentaires se multiplient, devenant un casse-tête pour ces lieux où les préparations sont complexes : « Parfois, à la même table, il n'y a pas deux clients qui mangent la même chose, c'est très difficile à gérer derrière en cuisine. Je ne sais pas si c'est une mode, mais il y a dix ans, on notait beaucoup moins d'allergies. »

Sébastien officie toujours à la découpe de la viande, un poste pivot, entre la cuisine et le service. Alors qu'il s'occupe d'une belle pièce de bœuf, il me confie : « Vus d'ici, les mouvements "anti-viande" sont perçus comme assez extrémistes. Dans l'Aubrac, notre histoire est liée à la traite, au fromage. Jamais je ne renierai la protéine animale, je resterai fidèle aux racines du pays. » Comme pour illustrer ses propos, l'aligot à l'huile de truffe est servi dans un petit bol pour accompagner la viande juteuse.

Dans la cuisine de la famille Bras, « on n'écoute pas vraiment les modes. Dire que dans les années 1980, on se disait que dans les années 2000, on ne mangerait que des pilules ! » s'amuse Michel, venu saluer son fils. « Il ne vient plus tous les jours, mais nous continuons d'être très proches. » Dans les assiettes, les plats d'inspiration traditionnelle valsent avec les audaces végétales. Soudain, la fraîcheur du potager ressurgit avec ces carottes rôties au curcuma, cueillies le matin même. Une étape savoureuse du menu légumes. « Ce menu a fait beaucoup parler de lui, il est en progression constante, mais ne représente pas plus de 15 % des ventes. » Les haricots coco parfumés au genièvre, accompagnés d'une émulsion parfumée au sancho pipicha, une plante mexicaine découverte quelques heures plus tôt, succèdent au légume racine. Là, les baies du plateau côtoient les herbes exotiques. Cette fine alliance signe la fin du voyage. ⧫

Page de gauche, en haut :
Sébastien Bras, au centre, en cuisine.
© JL BELLURGET / BRAS

Page de gauche, en bas :
Le gargouillou un plat vivant, qui évolue tous sans cesse en fonction de la saison et de la cueillette du jour.
© C. PALIS ET JP. TRÉBOSC / BRAS

ALWA DELUZE est réalisatrice, productrice et journaliste. Après des études de journalisme (ESJ Lille) et quelques années dans les rédactions parisiennes, elle s'oriente vers le cinéma documentaire (*Désobéir ?*, *Mon village*, *L'Intime Conviction*) et l'animation. Elle vit en Haute-Garonne depuis 2012.

HALTE AU GASPI

par ORIANE RAFFIN

Militants, ils récupèrent et redistribuent des produits alimentaires invendus. Leur mot d'ordre : éviter la poubelle !

À LA NUIT tombée, des commandos jouent les Robin des Bois. À l'arrière de leur camionnette, leur butin s'entasse : bananes, viennoiseries, pain, produits laitiers, viande… Il provient des poubelles de la grande distribution.

Un peu partout en France, les Gars'pilleurs, un mouvement « libre et ouvert », mènent des actions coup de poing pour faire prendre conscience de la quantité de denrées alimentaires jetées quotidiennement. Un de ses fondateurs, Yann Deva, 33 ans, s'est lancé dans l'aventure en 2012 pour se nourrir quand il était encore étudiant. Il continue par militantisme. À chacune des sorties, entre 50 et 300 kg s'entassent dans les véhicules. « En 2013, je me souviens avoir retrouvé l'équivalent d'un veau mort dans la poubelle d'un supermarché. 150 kg de bidoche… » rappelle-t-il, écœuré.

Ensuite, le mouvement redistribue gratuitement (et illégalement) sur la place publique les aliments sauvés des poubelles. Par leurs actions, les Gars'pilleurs entendent attirer le regard des citoyens sur la réalité du gaspillage alimentaire en France. « Notre volonté est de dénoncer. On redonne la nourriture aux personnes qui font fonctionner ce système pervers qu'est la grande distribution, en leur disant : "Regardez, c'est votre argent…" Les supermarchés ne sont pas perdants, ce sont bien les consommateurs qui paient indirectement le coût de ce gaspillage. » Yann Deva estime que ces derniers seront le meilleur levier d'un éventuel changement de logique. « Des actions comme celles-ci peuvent servir à faire pression sur les supermarchés, qui ne veulent pas être pointés du doigt comme gâchant des aliments », appuie la sociologue Marie Mourad, spécialiste de la question.

À l'instar des Disco Soupes, ces fêtes en plein air durant lesquelles tout le monde est invité à cuisiner pour sauver des aliments récupérés en fin de marché, des mouvements plus festifs ont également voulu attirer l'attention sur le gaspillage. Aladdin Charni, lui, a découvert le mouvement freegan (ou « gratuivorisme », en français) en vivant dans un squat à Londres. La poubelle de 500 litres pleine de pains jetée quotidiennement en bas de chez lui le choquait : « Je suis allé voir le patron du supermarché en question pour savoir pourquoi il ne cessait pas de produire autant alors qu'il savait que ce serait gaspillé… Il m'a répondu que c'était la règle : avoir des rayons pleins pour pousser les consommateurs à acheter. »

À son retour à Paris, Aladdin continue à remplir son frigo en faisant les poubelles du supermarché voisin : « Je récupérais tellement de nourriture que je distribuais des sacs à des amis. Puis je me suis mis à organiser des apéros tous les mardis soir, avec ce que j'avais trouvé... Mes amis et les amis de mes amis avaient du mal à croire l'origine des produits. »

De fil en aiguille, il a eu envie de sensibiliser plus largement : « Les chiffres du gaspillage alimentaire nous paraissent lointains. Je voulais créer une expérience au cours de laquelle les gens pourraient vraiment mesurer la situation. Quand cent cinquante personnes mangent et qu'on leur explique que l'intégralité du repas consommé aurait dû se retrouver à la poubelle, c'est beaucoup plus percutant ! » Fort de cette conviction, il ouvre, en 2015, le *Freegan Pony* dans le XIXe arrondissement, un restaurant où une trentaine de chefs se relaient, épaulés de bénévoles, pour concocter des petits plats végétariens à partir d'invendus récoltés à Rungis. Chaque convive est accueilli avec des explications sur l'initiative et peut laisser une participation libre. Tous les soirs, une cinquantaine de réfugiés y mangent gratuitement aussi, partageant les grandes tablées avec les curieux et les militants freegans.

À quelques kilomètres de là, à Aubervilliers, en Seine-Saint-Denis, l'association Re-belle se mobilise pour sauver fruits et légumes invendus... et sensibiliser le grand public. Depuis 2014, elle récupère la matière première dans des Monoprix d'Île-de-France, dans le cadre d'un partenariat avec l'enseigne, pour les transformer en recettes de confitures qui garniront les tables des petits-déjeuners. Bananes marron, fraises imparfaites, pommes tachées et pourtant consommables... Les fruits sont triés, lavés et découpés par quinze salariés en insertion. Depuis ses débuts, « plus de 200 000 pots de confiture ont été produits, sauvant plus de

90 tonnes de fruits et légumes de la poubelle », se félicite Élodie Theme, chargée de développement chez Re-Belle.

Apparue dans les sphères militantes au début des années 2010, la question du gaspillage alimentaire a rapidement été prise en compte sur le plan politique, en France, analyse la sociologue Marie Mourad. Le vote de la loi Garot en 2016 a encouragé des solutions autres que la poubelle en obligeant les grandes surfaces à redistribuer leurs invendus. « La loi a développé les accords entre associations caritatives et supermarchés, se félicite-t-elle. Elle a permis une prise de conscience plus large et amélioré la redistribution. »

Des entrepreneurs et des start-up se sont également engouffrés dans le créneau. Ainsi, grâce à Too Good To Go, une application pour téléphone, des petits commerçants, des restaurateurs ou des supermarchés peuvent écouler des produits à petits prix, juste avant la poubelle. Mais cette récupération ne plaît pas à tous les militants, qui déplorent la création de ce nouveau marché. Le freegan Yann Deva y voit un moyen pour la grande distribution de « se blanchir » : « Et les start-up fleurissent, avec des chiffres d'affaires annuels à 2, 3 ou 4 millions d'euros, des dirigeants sortis d'écoles de commerce qui gagnent de l'argent dessus... La surproduction existe toujours, on a juste déplacé le problème », déplore-t-il. Marie Mourad confirme : « Effectivement, les enjeux de fond comme la surconsommation et la production excessive n'ont pas été remis en cause. Mais cela ne veut pas dire que ça n'a pas un intérêt. Le positif, c'est qu'on a permis de redistribuer ou d'utiliser des produits qui étaient jetés. » La sociologue est plus sceptique quant à l'apparition de nouvelles « solutions » technologiques, à l'image des frigos intelligents, des packagings avertissant de la péremption imminente... « Des gadgets qui ne fonctionnent pas forcément. » Et créent, surtout, un nouveau marché, loin des idéaux des premiers militants freegans. ♦

LES CHIFFRES DU GASPILLAGE ALIMENTAIRE

Chaque année, un Français jette en moyenne 30 kg de nourriture, ce qui représente 10 millions de tonnes par an pour le pays. Ce gaspillage se fait à différents moments :
- 32 % en phase de production ;
- 21 % en phase de transformation ;
- 14 % en phase de distribution ;
- 33 % en phase de consommation.

ORIANE RAFFIN, journaliste, est responsable éditoriale du site Say Yess. Elle travaille pour l'agence Capa, Arte.tv, Wansquare, Satellinet.

MARION KADI est peintre et illustratrice. Après des études de graphisme et de typographie à Duperré et Estienne, elle vit désormais à Paris, à Berlin ou à New York. Elle est la coautrice d'*Isaac Newton et les Nouveaux Mondes* (Les Petits Platons, 2016).

POUR ALLER PLUS LOIN

SOUVENIRS CULINAIRES
Auguste Escoffier
Mercure de France, 2011

Le père de la cuisine à la française, Auguste Escoffier (1846-1935) narre ici soixante ans d'une carrière exceptionnelle. Depuis ses débuts à Nice jusqu'à sa retraite en 1920, on suit l'ascension d'un chef qui a exercé ses talents dans les plus grands palaces, de Monte-Carlo à Londres en passant par Paris, révolutionnant la cuisine et imposant ce modèle d'organisation par brigade qui subsiste jusqu'à maintenant.

LA CUISINE D'UN MONDE QUI CHANGE
Géraldine Meignan
Éditions de l'épure, 2019

C'est un petit guide pour manger intelligemment à l'heure du réchauffement climatique. La journaliste vous invite à mettre la main à la pâte pour cuisiner des produits bio sans vous ruiner, à privilégier les poissons d'élevage, à acheter local. Sans oublier d'apprendre à bien lire les étiquettes et d'éviter de gaspiller. En prime, d'appétissantes recettes pour cultiver au quotidien le plaisir de bien manger autrement.

COCHONS. VOYAGE AUX PAYS DU VIVANT
Erik Orsenna
Fayard-Stock, 2020

Le cochon est mal vu aujourd'hui, à cause des élevages industriels, de la maltraitance et de la pollution. Mais naguère, on l'adorait. Dans les campagnes, c'était un jour de fête quand on tuait le cochon. Avec sa verve coutumière, l'auteur mobilise ici l'histoire, la géographie, la gastronomie et les sciences naturelles pour nous rappeler combien cet animal si proche de nous reste essentiel.

LA NUTRIÉCOLOGIE. LE SEUL FUTUR ALIMENTAIRE POSSIBLE
Christian Rémésy
Thierry Souccar Éditions, 2020

Ce nutritionniste, qui fut directeur de recherche à l'Inra, propose dans ce livre d'entrer dans une nouvelle ère alimentaire, en satisfaisant nos besoins de nourriture tout en préservant les ressources de la planète et en améliorant son potentiel. Au menu : réduire le sucre, doubler notre consommation de fruits et légumes, diviser par deux celle des produits animaux, privilégier les huiles vierges.

TEXTE
ANNE NIVAT
ILLUSTRATIONS
CÉCILE GUILLARD

Règlements de comptes

Avant l'attentat de Conflans-Sainte-Honorine perpétré par un Tchétchène de 18 ans contre le professeur Samuel Paty, de jeunes Tchétchènes s'étaient opposés en juin dernier à Dijon à des Maghrébins du quartier des Grésilles. Notre reporter a enquêté sur cette communauté et ces incidents très médiatisés.

À LA MI-JUIN 2020, alors que l'Hexagone émergeait de son confinement dû à la pandémie mondiale de Covid-19, à Dijon, pendant cinq jours, le quartier des Grésilles s'est retrouvé au centre d'incidents inhabituels impliquant de jeunes individus entre 16 et 25 ans en moyenne, de sexe masculin essentiellement, issus d'une communauté méconnue en France : les Tchétchènes. Ce peuple peu nombreux – environ 1,5 million de personnes dans le monde –, originaire du Caucase, sur le flanc sud-ouest de l'immense Fédération de Russie où j'ai habité dix ans, m'est familier : il y a vingt ans, j'ai vécu sur leurs terres de longs mois, immergée dans une guerre pudiquement nommée « opération antiterroriste[1] » par les autorités centrales de Moscou. Ce terrain a modifié ma vision de la vie pour toujours et scellé en moi la nécessité de toujours aller voir.

Au nord-est de Dijon, le quartier des Grésilles abrite de nombreux logements sociaux dans lesquels résident une population à forte majorité d'origine marocaine et quelques familles tchétchènes. D'ordinaire tranquille, le vendredi 12 juin au soir, le quartier s'enflamme, tandis que les médias sociaux se trouvent inondés de vidéos exposant une tension extrême et des actes violents[2].

Ce soir-là, armés de battes de base-ball, de bâtons et de barres de fer, une quinzaine de Tchétchènes pénètrent dans le bar à chicha le *Black Pearl*, prient les femmes présentes d'en sortir avant de déclencher une baston

1. La Russie refuse de nommer guerre le conflit qui opposa ouvertement son armée aux indépendantistes tchétchènes de 1999 à 2009. La République tchétchène faisant partie de la Fédération de Russie, elle parle d'opération de restauration de l'ordre.

2. Certaines de ces vidéos avaient été tournées dans d'autres contextes.

générale. Pour quelles raisons sont-ils venus se battre ? C'est une banale embrouille entre jeunes qui est remontée jusqu'à leurs aînés. Au départ, il s'agit de mots entre un Albanais mineur et des Maghrébins. Démuni, l'Albanais fait appel à son copain Daguestanais, qui, lui, rallie Issa, un Tchétchène. Au cours de la rixe, des menaces sont proférées. Mais peu importe qui a commencé et par quoi ; ce qui est en jeu, ici, ce sont les susceptibilités des uns et des autres, ce qu'elles signifient et comment ces blessures sont comprises (voire récupérées) par nos représentants politiques, ainsi que la propension de ces derniers à rester dans le déni.

Mohammed, un Tchétchène de 26 ans, était de la virée. Parti pour Dijon depuis Grenoble en voiture dès le vendredi soir – comme ses compatriotes venus d'autres villes de France, ainsi que d'Allemagne et de Belgique –, il se souvient des sages paroles d'Apti[3], le père d'Issa, le jeune agressé : « Surtout, ne faites pas n'importe quoi parce que, nous, on doit continuer à vivre ici ! » Apti, qui fait partie des rares familles tchétchènes demeurant à Dijon, redoute déjà que la situation dégénère.

Mohammed et ses amis se rendent au *Black Pearl* pour confondre « les coupables » – ou, tout du moins, se faire décrire par les tenanciers à quoi ressemblaient ceux qui ont tabassé Issa, afin de les corriger à leur tour. « Là-bas, on a oublié le plan, qui était de rester modérés », reconnaît Mohammed. Ce soir-là, aucun blessé par balle ni arme à feu, mais de lourds dégâts matériels. Aucune interpellation par les forces de l'ordre. Dépités, les Tchétchènes se retranchent au sud-ouest de la ville, non loin de Chenôve, sur le « parking de la roulotte » où ils garent facilement leurs voitures. Entre eux, jeunes et vieux s'invectivent avec d'autant plus de véhémence que les personnes incriminées étaient absentes : les Tchétchènes ont fait chou blanc.

Plusieurs centaines de messages Snapchat plus tard, le lendemain, le groupe a grossi, et c'est une cinquantaine de Tchétchènes qui se retrouvent sur le parking pendant que Rousslan, un aîné venu de Dole, parlemente avec les Arabes du « camp » adverse, qui promettent de ramener les fautifs aux Tchétchènes le lendemain à 17 heures pour qu'ils s'excusent. Sans sortir de leurs véhicules, certains Tchétchènes s'enhardissent à « monter » aux Grésilles, y paradent puis retournent dormir sur le parking. Dans la soirée, des coups de feu sont tirés depuis une Clio à côté d'une pizzéria, juste en face du logement de la famille d'Issa.

Le dimanche 14, de plus en plus nombreux[4], les Tchétchènes attendent l'heure convenue. En fin d'après-midi, des gendarmes passent contrôler les papiers d'identité et de voiture et les prennent en photo. Ils sont au courant de leurs intentions, notamment parce que certains d'entre eux les en ont prévenus[5]. Les forces de l'ordre se savent en sous-effectifs ; tactiquement, elles pensent que garder les groupes à l'œil (plutôt qu'agir immédiatement) permet de mieux les contrôler – une stratégie qui leur sera reprochée. Quand, finalement, les Tchétchènes comprennent que personne ne viendra, ils s'entassent dans des véhicules pour monter au quartier. « Ne faites pas de bêtises, surtout, faut pas que ça dégénère », implorent des représentants des forces de l'ordre.

Les Grésilles semblent déserts, mais c'est un calme trompeur. Au volant d'une 307, un automobiliste ivre percute un trottoir. Avant que les secours n'arrivent, pour l'aider, Rassoul, le fils aîné de Rousslan de Dole, place l'individu en position latérale de sécurité et appelle la police à qui il montre la vidéo. Lui et ses amis veulent prouver qu'ils ne sont pour rien dans le comportement erratique de ce quidam[6]. La tension monte, le quartier est progressivement sécurisé par la BAC, et les gendarmes ordonnent aux Tchétchènes de quitter les lieux. Des coups de feu sont tirés depuis deux scooters du quartier.

Les lundi 15 et mardi 16 juin, les participants aux impressionnants regroupements qu'ont montrés les vidéos postées sur le Net

3. le prénom a été modifié.

4. Selon différentes estimations, le nombre avoisine les 200 à 250 personnes.

5. Notamment Askhab Saparbaev et Rousslan (Muhammad) Timirguiriev, actuellement en détention provisoire.

6. L'homme, un résident du quartier, sera immédiatement hospitalisé.

7. Ainsi que cela a été confirmé par les autorités préfectorales.

8. L'Office français de protection des réfugiés et apatrides.

9. Les experts s'accordent à estimer à quelque 150 000 les Tchétchènes d'Europe, dont près de 50 000 en France. La ville où ils sont le plus nombreux est Nice.

sont « des gens du quartier[7] », des Maghrébins parfois armés d'armes lourdes, dont on ne sait toujours pas s'il s'agissait de répliques factices ou d'armes authentiques. Comme si, les Tchétchènes volatilisés, des jeunes des Grésilles avaient, par mimétisme, voulu concurrencer les images tournées sur le parking. « Y a pas qu'les Tchétchènes qui peuvent être nombreux ! » hurle-t-on sur ces vidéos.

Dans tout le pays, l'effet de meute a provoqué la sidération. La communauté arabe française est partagée entre une perplexité teintée de respect et une stupeur agacée face à ces pratiques d'un autre temps. Au quartier, ils n'en reviennent pas : même leur communauté est incapable se regrouper ainsi à l'unisson.

Au milieu des années 2000, la France a accordé le statut de réfugié politique aux Tchétchènes qui ont réussi à prouver aux autorités qu'ils étaient en danger de mort en restant dans leur pays. D'autres sont en attente de statut ou ont fait appel de la décision de l'Ofpra[8].

« Surtout, ne faites pas n'importe quoi parce que, nous, on doit continuer à vivre ici ! »

Nombreux sont ceux qui ont été naturalisés français. Quant aux plus jeunes, nés sur le territoire, ils ont de naissance la nationalité[9].

Comment ces Tchétchènes sont-ils arrivés en France ? Dans l'exil, beaucoup ont transité par la Pologne, un État de l'Union européenne frontalier de la Russie dont le rapport avec ces ressortissants du Caucase est complexe : les Tchétchènes qui fuient sont anti-Russes, mais ils ne sont pas de confession catholique. Franchir quelque frontière

que ce soit n'a jamais rebuté ce peuple habitué à se mouvoir dans de vastes espaces[10]. Ainsi, les Tchétchènes essaiment en Europe du Nord – Suède, Norvège, Danemark –, en France[11] et même aux États-Unis.

Répartis au gré des centres d'accueil de demandeurs d'asile (CADA), ces réfugiés ont souvent reçu des logements dans des quartiers socialement défavorisés où ils doivent cohabiter avec tous ceux qui sont arrivés avant eux. Les raisons de leur déracinement n'étant pas purement économiques, leur façon de vivre et de s'adapter à la société française se démarque. Les très jeunes enfants sont souvent des écoliers sérieux, quant aux domaines d'emploi des adultes, ils varient selon l'âge et le genre : les hommes de 30 ans et plus sont fréquemment dans le domaine de la sécurité ou sur les chantiers, leurs épouses apprennent rapidement le français et n'ont aucun mal à trouver des emplois dans l'hôtellerie, la restauration ou le commerce.

Depuis qu'ils sont en France, les Tchétchènes font peu parler d'eux, sauf, justement, lors de heurts avec d'autres communautés. Quand l'un d'entre eux est attaqué, la démonstration de force est une réponse culturelle fréquente. D'autres pays, comme la Russie ou l'Allemagne, l'ont déjà expérimentée mais, cette fois-ci, les médias s'emparent du fait divers. Tout en perpétuant la puissance, cette façon de se mettre en scène continue d'inspirer la crainte, donc le respect. Mais, à l'occasion des incidents de Dijon, les Tchétchènes les plus soucieux de leur image se rendent compte que ce type de réaction viscérale peut nuire à leur communauté. À cela s'ajoute le fait qu'ils sont vexés de voir l'incident de Dijon présenté comme un simple règlement de compte entre dealers : lorsque Christian Estrosi, le maire de Nice, affirme, le mardi 16 juin à la télévision, que « dans un certain nombre de quartiers de France, la communauté tchétchène lutte pour avoir le monopole du marché de la drogue[12] », ces mots sont dévastateurs.

Au matin du 18 juin, Rousslan Timirguiriev, 52 ans, qui officiait en tant qu'intermédiaire pour calmer le jeu, Askhab Saparbaev, 23 ans, qui a beaucoup parlé aux médias, Khamzat Sangaraev, 21 ans, et Mourad Abdoulmouslimov, 35 ans, sont mis en examen. D'abord défendus par des commis d'office, ils ont fait appel à un cabinet d'avocats réputé pour qui la communauté a déjà levé 30 000 euros, la moitié de la somme totale. Le procès devrait se tenir dans le courant de l'automne.

Radima Timirguirieva est la fille de Rousslan, qui a été placé en détention en juin[13]. À 23 ans, elle est la troisième de six enfants, la récipiendaire, tout comme sa sœur cadette, d'une bourse du mérite, et elle vient d'obtenir sa licence en psychologie. « Sans mon père, cette histoire aurait été bien pire, affirme Radima dans un français impeccable. S'il n'avait pas réussi à temporiser au bar à chicha le premier soir, les jeunes l'auraient cramé. » Quand la famille Timirguiriev arrive en France, Radima a à peine 8 ans. Rousslan est mécanicien. « Pas un jour depuis notre arrivée papa n'a cessé de travailler », souligne-t-elle fièrement. Rousslan est assidu à la mosquée locale. « Mais c'est très mal vu, l'islam, en France ! regrette Radima. On est toujours obligés de s'excuser pour ceux qui se sont fait exploser... À l'école, quand j'étais petite, mon surnom c'était "kalach"... C'était pas méchant, mais ça veut tout dire... » À 17 ans, Radima a été convoquée au commissariat du coin, car une de ses amies, Nathalie, s'était convertie. Les policiers pensaient qu'elle l'y avait incitée. Comment Radima comprend-elle la laïcité ? « Je l'accepte complètement ! s'écrie-t-elle. Je me dévoile partout où c'est nécessaire. Je n'ai pas peur de ce qu'on pense de moi. » Radima aime la France, mais se sent déçue par elle : « Les Français ne nous connaissent pas assez, on est si peu nombreux... Pourtant, notre seul but est de réussir notre vie. Nous, les Tchétchènes, on a toujours été déterminés, on refuse de mal vivre, on veut être des modèles. C'est vrai qu'on est solidaires entre nous, mais aussi entre humains : on ne fait pas la différence ! » clame-t-elle.

10. Le 23 février 1944, Staline a ordonné la déportation des peuples tchétchène et ingouche en Asie centrale soviétique, à quelques milliers de kilomètres du Caucase.

11. Ils se sont principalement dispersés dans l'Est, la région parisienne, le Sud-Ouest, la région lyonnaise et sur la Côte d'Azur, autour de Nice.

12. Propos tenus sur BFMTV, le 16 juin 2020.

13. Son fils Rassoul Timirguiriev sera quant à lui mis en examen le 15 septembre pour « association de malfaiteurs en vue de la préparation de délits ; participation à un groupement en vue de la préparation de violences ou de dégradations ; et violences aggravées en raison de l'origine de la victime ».

Détermination et obsession du succès ne vont pas sans rencontrer des difficultés, souligne l'étudiante : « Être les premiers de la classe, c'est peut-être la honte au quartier, mais pas pour nous ! » affirme-t-elle avant de relater une anecdote qui illustre la complexité des rapports qui y règnent. Après les incidents de Dijon, un Maghrébin de Dole lui lance : « Quand vous êtes venus vivre ici, on vous a bien accueillis ! Mais là, c'est du racisme ! » Ce à quoi Radima rétorque : « Vous foutez le bordel dans vos quartiers et ensuite vous vous plaignez que la France, elle vous aime pas ! Quand nous, les Tchétchènes, on est arrivés ici, votre respect, on a dû le gagner ! » Très jeune, on laissait Radima tranquille au quartier à cause de ses origines, et elle-même usait de son identité pour se défendre préventivement.

Ce récit exprime une évidence : si les Français qui ne résident pas dans ces quartiers ont du mal à comprendre ceux qui y vivent, des incompréhensions se produisent aussi entre les communautés qui y sont majoritaires – la troisième ou quatrième génération de Maghrébins français – et ceux qui sont arrivés plus récemment et restent minoritaires, tels les Tchétchènes – dont certains sont déjà Français et d'autres pas encore. La force des us et coutumes des derniers fait peur à ceux qui se retrouvent face à eux. Pourtant, les Tchétchènes ne cessent de souligner qu'ils n'ont « pas de problèmes avec les Arabes » et, à vrai dire, ils en ont certainement moins que d'autres, les deux communautés ayant beaucoup en commun, notamment le respect des valeurs de l'islam. Mais la plupart d'entre eux n'ont aucun sens du « politiquement correct » et n'hésitent pas à dire tout haut ce que beaucoup pensent tout bas, à savoir qu'en France, la police serait laxiste parce qu'elle n'ose plus pénétrer dans ces quartiers alors qu'eux, Tchétchènes, ne peuvent se résoudre à y subir désordres et incivilités.

Revenons à Mohammed, venu de Dole dès le premier soir. C'est un ami de Askhab Saparbaev, actuellement en détention.

« Quand nous, les Tchétchènes, on est arrivés ici, votre respect, on a dû le gagner ! »

« Je ne veux pas donner de leçons aux Français, mais on n'est pas des victimes, et on ne le sera jamais »

Aujourd'hui, Mohammed est amer : « Au final, les Arabes ne nous ont livré aucun nom ! Tout ça pour pas baisser la tête devant une autre communauté. On nous reproche d'être communautaires, mais le communautarisme, c'est aussi eux ! s'insurge-t-il. Depuis 2007, je me suis intéressé à tous ces débats sur les quartiers, comme quoi les gens des quartiers seraient isolés, etc. Mais nous, on y vit dans ces quartiers ! On y est arrivés beaucoup plus tard, mais on voit comment ceux qui étaient là avant nous ont grandi ! Leur état d'esprit est déjà structuré quand nous on arrive... La vérité c'est que ça plaît pas qu'on dise notre mot ! » Mohammed paraît sincèrement désarçonné par ce qui lui semble une situation avant tout désagréable pour les siens. « À Dijon, aucun Tchétchène n'a voulu obtenir le monopole de quoi que ce soit au quartier, c'est faux ! Moi, je dis, y'a un malaise... Si la France laisse ses dealers vendre dans ses quartiers, c'est son problème. Mais si moi j'habite un des immeubles du quartier et que l'un d'eux crache sur ma mère, pas question que je ferme ma gueule ! Leur business ne me dérange pas tant qu'ils ne piétinent pas ma liberté ! » Mohammed insiste : en France, la justice lui paraît laxiste. Au collège, il se souvient avoir aidé un petit Français qui s'appelait Alexis parce qu'il se faisait racketter. Lui, le jeune Tchétchène qui, à l'époque, parlait mal la langue, avait été le seul à prendre sa défense : « Je ne veux pas donner de leçons aux Français, mais nous, on n'est pas des victimes, et on ne le sera jamais, soupire-t-il en déplorant que tout aille déjà trop loin. La justice française est connue pour toujours octroyer une seconde chance, alors pourquoi elle ne la donne pas à Askhab, par exemple, qui n'a jamais eu ni amende ni impayé et qui a un casier vierge ? »

Les Tchétchènes réagissent encore pour la plupart selon un antique code de l'honneur, qui peut paraître sauvage ou venu des tréfonds, mais ils ont osé proférer des critiques à l'encontre de la vie dans les quartiers. Radima affirme qu'elle ne serait pas autant motivée pour avancer dans la vie si elle n'était pas pétrie des « valeurs » tchétchènes. Ce sont ses parents qui lui ont appris le respect, dit-elle, pas la France. Radima essaie de croire en la justice, mais ne peut s'empêcher de penser que, même ici, « la politique fait pression sur le judiciaire », une critique personnelle de certaines déclarations du procureur de Dijon Éric Mathais, qui, selon elle, a tendance à « tout replacer sur fond racial ».

Mourad Abdoulmouslimov, le seul interpellé à avoir été libéré sous contrôle judiciaire, vit à Dijon depuis quinze ans, employé dans diverses agences de sécurité. Ses quatre enfants sont scolarisés sur place – les deux aînés sont champions de judo. Pendant les incidents, il n'a eu qu'une idée en tête : calmer le jeu. Il a aussi été nettoyer le « parking de la roulotte » après le départ de tous. Lui aussi a du mal à être convaincu par ce « vivre ensemble » sans cesse proclamé par les médias et encensé dans le discours politique : « Chez nous, on a une autre mentalité, insiste-t-il. On ne va pas déposer plainte. Celui qui dépose plainte passe pour un incapable. »

Voici, à mon sens, la clé de l'histoire : les perceptions différentes du fonctionnement des sociétés et de la place qu'y occupe chaque individu. Pour un Tchétchène issu d'un système politique autre, aller déposer plainte est perçu comme une faiblesse. Dans les sociétés démocratiques et modernes, non seulement le dépôt de plainte est la norme, mais il exige parfois du courage.

De nombreux Tchétchènes ne se sont pas encore ralliés à nos codes même si, bientôt, la France comptera des médecins, des enseignants, des juges, des entrepreneurs, des comptables et des infirmiers de cette origine. Et même des policiers ! Pour cette enquête, j'ai été en contact avec le premier Tchétchène à intégrer l'Académie de police. Hésitant à me parler, il se demandait si cet entretien pourrait nuire à son début de carrière en France. D'abord agacée par son attitude, j'ai finalement compris qu'elle traduisait un beau désir d'intégration. ♦

ANNE NIVAT est grand reporter et reporter de guerre. Familière du monde russe, elle a été Prix Albert-Londres pour son livre *Chienne de guerre : une femme reporter en Tchétchénie* (Fayard, 2000) et a longtemps collaboré, comme journaliste indépendante, au *Point*, mais aussi au *Soir*, au *Nouvel Observateur*, à l'*International Herald Tribune*, au *New York Times* ou encore au *Washington Post*. Elle a dernièrement publié *Dans quelle France on vit* (*id.*, 2017) et *Un continent derrière Poutine* (Seuil, 2018).

CÉCILE GUILLARD est dessinatrice et coloriste de bandes dessinées. Diplômée de l'école Estienne et des Gobelins, elle a notamment publié, avec François Bégaudeau, *Une vie de moche* (Marabulles, 2019).

CHARONNE, 8 FÉVRIER 1962

relu par LUDIVINE BANTIGNY

Titre complet : Alain Dewerpe, *Charonne, 8 février 1962. Anthropologie historique d'un massacre d'État*, Gallimard, « Folio-Histoire », 2006.

C'EST UN LIVRE magistral qu'Alain Dewerpe nous a livré là. Un ouvrage d'une rigueur impressionnante mais aussi d'un élan puissant, où le travail minutieux des archives n'empêche évidemment en rien l'expression d'une sensibilité, pudique, réservée mais prégnante. Il y est question de violences policières et d'un mensonge d'État. Et dès lors, des questions majeures sont soulevées : à quoi l'État a-t-il droit ? Que signifie le meurtre politique dans un régime d'opinion, dans une démocratie représentative ? Quelle est la chaîne de responsabilités ? Est-il légitime d'évoquer un « massacre d'État » même s'il n'a pas été prémédité ? Ces questions restent d'une immense acuité – et d'une brûlante actualité.

Le 8 février 1962, le Parti communiste français et plusieurs syndicats (CGT, CFTC, FEN, Unef) appellent à une manifestation spontanée pour protester contre un nouvel attentat perpétré par l'OAS, l'Organisation de l'armée secrète, jusqu'au-boutiste de l'Algérie française. Cette fois, la bombe posée dans l'immeuble où vit André Malraux a grièvement blessé une petite fille, Delphine Renard. Cette manifestation organisée pour le lendemain soir est, dans ces conditions, relativement improvisée. Elle se lance dans l'urgence. Elle est finalement interdite, comme la plupart des manifestations durant la guerre d'Algérie. Cependant, les organisateurs comptent sur une relative marge de tolérance. Cela n'empêche pas la peur à l'idée même de la répression. Alain Dewerpe la décrit dans un style vif : « La noirceur des uniformes s'accote à l'obscurité de la nuit, l'éclairage nocturne sur les casques luisants accroît l'appréhension. »

Très vite, la violence des policiers se déchaîne. Ils frappent des manifestants – indistinctement, hommes, femmes, personnes âgées. Leur « bidule » – le long bâton très utilisé lors des manifestations en ces années-là – s'abat sur les crânes. Puis cette violence monte encore en intensité. De nombreuses personnes sont bloquées au pied de l'escalier du métro Charonne – dont les grilles ne sont pas fermées, contrairement à ce qu'on a souvent dit, ce qui serait une exonération pour les policiers. Écrasées, étouffées, elles n'en sont pas moins encore frappées. Des policiers lancent sur leurs corps déjà à terre des tables, des chaises, des grilles d'arbre, une grille d'aération... Ils précipitent des manifestants du haut des balustrades ou des volées d'escaliers. Ils interdisent le transport des blessés.

Rien ne les arrête, même quand ils entendent crier : « Arrêtez ! Il y a des morts ! » Certains d'entre eux hurlent : « Crève, sale chienne ! » Trois personnes sont matraquées à

mort. Au total, il y a ce soir-là huit victimes – une neuvième décédera un peu plus tard –, ainsi que de nombreux blessés dont certains le sont gravement et auront des séquelles à vie. Parmi ces morts, trois femmes – ce qui ne s'était plus produit depuis la fusillade de Fourmies, le 1er mai 1891. Et parmi elles, Fanny Dewerpe.

L'auteur est donc le fils d'une victime. Il lui rend hommage dans la pudeur discrète d'un sobre « *In memoriam* », en exergue. Mais il assume être le fils de cette morte-là : cela ne confère pas, dit-il, davantage de lucidité, mais cela n'empêche pas d'exercer son métier d'historien – et de le faire bien. La seule allusion qu'il fait dans le livre à son enfance brisée par la tragédie – il a dix ans quand sa mère meurt au soir de ce 8 février –, c'est pour mentionner un journal d'extrême droite, *Le Nouveau Candide*, qui ose écrire sous la photo de l'enfant qu'il était : « Donc, nous tous les hommes. Nous avons peut-être tué l'âme d'Alain Dewerpe. » Ce « nous tous » indifférencié, dépolitisé, qui arrache toute responsabilité, apparaît bel et bien insupportable. Comme une indignité.

Au contraire, il s'agit dans l'ouvrage de redonner pleine consistance politique à l'événement et de restituer les parts de responsabilités. Il faut donc en premier lieu situer les faits dans la sédimentation de plusieurs strates historiques. Alain Dewerpe analyse en particulier les cadres cognitifs des policiers, en les replaçant dans un temps à plusieurs épaisseurs. Il offre en effet de comprendre pourquoi la police parisienne a pu se livrer à ce massacre, et ce qui l'a légitimé. Tout d'abord, de manière structurelle, la police discrédite toute manifestation, quelle qu'elle soit, car elle vient troubler l'ordre – un ordre par lequel les policiers ont été formés et auquel ils sont voués. Ce discrédit est d'autant plus exacerbé que les manifestantes et manifestants sont, pour beaucoup, communistes. Une partie de la police savoure de frapper des « crânes de cocos ». De surcroît, la police parisienne s'est familiarisée avec la répression violente : pendant l'Occupation dans la traque des résistants et des communistes ainsi que dans la rafle des Juifs, puis lors des combats des guerres coloniales, qu'il s'agisse de la guerre d'Indochine ou de Madagascar ; et désormais, a fortiori, au cœur de la guerre d'Algérie.

Cependant, il ne s'agit pas d'une répression policière spontanée. Elle se déroule sur ordre : cette violence est encadrée. Aucune

Page de gauche : © JÉRÔME BONNET / MODDS – *Page de droite* : © PIERRE JAVELLE

SI ALAIN DEWERPE ÉVOQUE UN « MASSACRE D'ÉTAT », C'EST QUE LA RÉPRESSION MEURTRIÈRE A ÉTÉ UN CHOIX ASSUMÉ PAR LE POUVOIR

action policière majeure ne peut être menée sans ordre direct de la salle de commandement à la préfecture de police, sous l'égide de Maurice Papon. Le ministre de l'Intérieur, Roger Frey, le Premier ministre, Michel Debré et, à l'Élysée, Charles de Gaulle entérinent. Car si Alain Dewerpe évoque un « massacre d'État » – et le « mensonge d'État » qui l'accompagne –, c'est que la répression meurtrière a été un choix assumé par le pouvoir, comme elle l'avait été le 17 octobre 1961 dans le massacre d'Algériennes et d'Algériens manifestant pacifiquement à Paris. La réaction de De Gaulle relève d'une « indifférence agacée ». Le ministre de l'Intérieur, Frey, ne démissionne pas. Loin d'être révoqué, le préfet de police, Papon, a droit à un hommage du Premier ministre, Debré. Aucun regret ne sera formulé par le chef de l'État.

Pour asseoir de tels enjeux, l'ouvrage déploie une argumentation qui en impose par son ampleur. La presse est dépouillée de très près. Dewerpe décortique les positions très diverses des journalistes, montrant l'abîme qui sépare parfois les reporters des éditorialistes, et tout simplement l'écho diffracté et si différent d'un titre de presse à l'autre – quoi de commun entre *L'Aurore* et *L'Humanité* ? Il scrute aussi les photos retenues, sélectionnées, la façon dont elles sont légendées : bref, la manière même dont se construit le récit. Il souligne en particulier le rôle tenu par les dépêches de l'AFP, autour desquelles les journalistes « brodent » : on suit ainsi les étapes de la narration. Mais c'est plus encore l'amplitude des sources mobilisées qui force l'admiration et fait de ce livre un maître-ouvrage : archives publiques (préfecture de police, ministères de l'Intérieur et de la Justice, Présidence de la République, Premier ministre, Conseil d'État) et privées (CGT, CFTC, Secours populaire français, PCF).

Cette précision dans le recours aux sources permet une argumentation tout à la fois fine et soignée sur les corps de police et leur diversité, là où les journalistes, constate Dewerpe, ne sont pour la plupart pas capables de distinguer compagnies républicaines de sécurité, escadrons de gendarmerie mobile et compagnies d'intervention de la préfecture. L'historien propose ici une « étude intensive », en dépliant scrupuleusement l'événement. Mais, à partir de ce qui s'est passé aux alentours du carrefour entre le boulevard Voltaire et la rue de Charonne le 8 février 1962 entre 19 h 30 et 20 heures, ce travail d'objectivation met au jour bien des enjeux forts. Il s'agit de relever ce défi : « Rendre raison d'un événement déraisonnable qui a ses raisons. » Et ces raisons-là constituent l'un des grands objets de l'enquête. Partant, la réflexion est vertigineuse puisqu'elle prend à bras-le-corps une « situation très singulière où les gouvernants en viennent à tuer les gouvernés, où l'État se fait meurtrier sans le secours de la loi ». Ce qui explique aussi les impunités, auxquelles un très beau chapitre est dédié.

Le titre est ainsi pleinement justifié. Il s'agit bien d'une anthropologie historique. Car le livre aborde une étude des corps, des corps politiques, des corps manifestants et policiers, l'inscription des manifestations dans l'espace matériel et sensible de la ville, ce que la violence veut dire. Il y est aussi longuement question, dans des pages d'un grand souffle, de la compétition des interprétations et des luttes d'imposition, du théâtre funèbre, de la mise en scène contemporaine des obsèques politiques et, dès lors, de la vie des morts. Alain Dewerpe s'avance sur ce chemin : « On ne peut se libérer du soupçon que, loin d'avoir disparu à jamais, les défunts sont toujours, à leur manière, présents », même quand on ne le sait pas. En citant Hugo : « Les morts sont des vivants mêlés à nos combats. » ♦

LUDIVINE BANTIGNY est historienne, spécialiste de la jeunesse, des mouvements sociaux et des engagements politiques à l'époque contemporaine, en particulier de la guerre d'Algérie à nos jours. Membre du comité de rédaction de la revue *Vingtième Siècle*, elle enseigne à l'université de Rouen-Normandie. Elle a notamment publié *1968 : de grands soirs en petits matins* (Seuil, 2018) et *Révolution* (Anamosa, 2019). Son dernier livre, consacré à l'histoire sociale et politique des Champs-Élysées, a paru à La Découverte.

LA FAUTE À VOLTAIRE
chronique de MARTIN MAUGER

Illustrée par ÉRIC HÉLIOT

LE TEMPS QU'IL FAUT

La locution conjonctive *après que*, une question de mode.

LA RÈGLE est simple, implacable : pas de subjonctif après *après que*. Il ne viendrait d'ailleurs à l'idée de personne ou presque d'employer ce mode derrière des locutions de sens proche comme *une fois que* ou *dès que*. Pourquoi alors tant d'entre nous s'obstinent-ils à l'enfreindre ? La plupart, concédons-le, pèchent de bonne foi, en toute innocence ou à leur corps défendant – par réflexe, disons. Mais quelques hérésiarques défendent l'erreur au nom de l'esthétisme.

La beauté de la langue… Cet argument massue, brandi à tort et à travers par ceux qui aspirent à préserver le français des vagues impures de féminisations ou d'emprunts étrangers, est-il ici irrecevable ? Et a-t-il jamais d'autre fondement que la force de l'habitude ? Ce qui n'est pas rien, sans doute, mais ne suffit pas à dissuader de tout examen critique.

Certains écrivains, et pas des moindres (Proust, Mauriac…), ont quelquefois opté pour le subjonctif. La logique tend à leur donner tort : l'action est passée, effectuée, donc indubitable ; l'indicatif s'impose. Pour rendre raison de la montée du subjonctif, tendance qui s'affirme nettement au cours du XXe siècle, on a invoqué des subtilités contextuelles ; une confusion entre le plus-que-parfait du subjonctif et le passé antérieur de l'indicatif (il eût écrit/il eut écrit), qui se serait répandue par contamination ; et surtout un parallélisme avec *avant que*. Quoi qu'il en soit, l'usage semble se diriger vers une acceptation du subjonctif et sa coexistence avec l'indicatif, comme après *le fait que* où l'on trouve l'un ou l'autre mode sans que la nuance de sens soit toujours bien perceptible. Dans le cas de cette dernière locution, l'alternative repose toutefois sur une rationalité indéniable.

BON À SAVOIR

Après *avant que*, le verbe se met au subjonctif : c'est la règle lorsque l'action de la principale est antérieure à celle de la subordonnée et peut, par exemple, l'annuler. Ex. : « Avant que tu ne fasses le voyage, je préfère t'avertir que je suis malade et contagieux. » Notons par ailleurs que l'indicatif a pu être employé par le passé, dans les textes de Chrétien de Troyes (XIIe siècle) notamment, et se retrouve encore dans certains parlers régionaux.

Rien de comparable avec la tendance à faire suivre *après que* du subjonctif. Attardons-nous sur deux exemples significatifs :
« Après que Duford *eût* quitté le pays… » (André Dhôtel, *L'Homme de la scierie*, 1950), où l'on a sans doute une simple erreur de graphie (*eût* au lieu de *eut*) ;
– « On ne le sert qu'après qu'il *ait* montré sa monnaie » (Louis Aragon, *La Semaine sainte*, 1958), cité dans *Le Bon Usage* de Grevisse, mais corrigé en *a* dans l'édition Folio actuelle, où sur onze occurrences de la locution *après que*, deux restent suivies du subjonctif, sans qu'on sache si cela relève d'un choix de l'auteur ou d'une négligence de sa part ou de celle de l'éditeur.

Derrière *le fait que*, le verbe se met en théorie à l'indicatif lorsque le fait en question est indubitable, au subjonctif dans le cas contraire. En pratique, le second mode empiète largement sur les plates-bandes du premier. Ex. : « Toutes vos belles raisons ne changeront rien à mon idée, ni même le fait que ce *soit* la guerre » (Druon, *Les Grandes Familles*, 1948).

Pour plus de précisions, voir *Le Bon Usage* de Maurice Grevisse et André Goosse (de Boeck, 2016, 16e éd.), auquel nous empruntons ces exemples.

EST-ON DU LIEU OÙ L'ON NAÎT ?

par CÉCILE COULON

Du Puy-de-Dôme à la Drôme en passant par la Corrèze, la jeune écrivaine nous entraîne sur ses routes de campagne. Elle les parcourt aujourd'hui en courant.

Le point de départ de ma courte vie est éclaté en trois lieux
que je connais assez mal même si je donne l'illusion de les savoir
à force d'en écrire, à force d'en parler :
ce n'est pas parce que l'on pose des mots simples
et des paroles douces sur des endroits
qu'ils se laissent facilement domestiquer. Ces lieux-là ne seront jamais
tenus au collier. C'est sans doute la raison pour laquelle tant de jeunes gens
les ont si souvent laissés, ou délaissés, pour des villes moins sauvages.

Je sais bien que ces jeunes gens ont dans le cœur un très vieux paysage.

Le point de départ de ma vie a criblé la carte de France en trois départements :
le Puy-de-Dôme, la Corrèze et la Drôme.
Pourtant, on ne peut naître en trois maternités en même temps.
Sur ma carte d'identité, un seul endroit apparaît :
Hôtel-Dieu, Clermont-Ferrand. Cet hôpital n'existe plus, il a été remplacé
par de beaux appartements, une bibliothèque et des locaux

pour d'éventuels commerçants.
Ma carte d'identité remet l'église au milieu du village : je suis née ici,
dans le nombril du pays, mais si je porte à l'intérieur,
comme des berceaux de secours
les prairies entortillées entre Tulle et Egletons,
les falaises d'Eyzahut près de la forêt de Saou, qui font, le soir,
au coucher du soleil, des barrières rouge et bleu,
des grands drapeaux de pierre qui ouvrent des romans.

La Corrèze et la Drôme viennent de plus loin que moi-même :
il faut creuser jusqu'à mes grands-parents. Ils m'ont appris l'essentiel :
ma France ne sera jamais une terre de gratte-ciel.

Ils ont appris par cœur celle d'Aragon
que chantait Jean Ferrat niché dans son Ardèche,
ils ont sillonné ses routes,
photographié ses moutons, élevé puis étudié ses vaches, ses poules et ses cochons.
Je suis née entre les deux, à mi-chemin, dans le trou des volcans,
où je suis restée plantée là par peur de voyager, par peur d'apprendre un jour
qu'il y a ailleurs, des landes moins rugueuses, des gorges moins serrées.
La mer est si lointaine on dit qu'elle est très belle, je me contenterai
des lacs et des rivières. Un pré sera ma plage.
On m'a donné ces trois rivages
d'où je navigue sans connaître le reste. Ou si peu.

Est-on du lieu où l'on naît ou de ceux de nos aïeux ?
Est-on du lieu qu'on aime ou de celui qui nous poursuit
dans les administrations – passeports, certificats, cartes grises –
mariages et décès, jusque dans la mort notre naissance
nous ne l'aurons pas choisie.
Est-on d'un berceau de bois, de plastique
ou d'un berceau de souvenirs, d'enfance et de forêts magiques ?
Est-ce que je peux choisir l'endroit où je suis devenue ce que je suis
même si mon sang dit autre chose, même si mon accent est d'une région
qui vous et moi nous oppose ? Je crois que c'est en partie cela
le grand malheur des origines : savoir d'où l'on vient sans savoir où l'on va.

Alors il faut porter en soi sa naissance et celles de ses parents
et peut-être, si l'on veut un enfant, se poser la question de la sienne.
Partout on répète la même phrase : il faut apprendre à faire avec.
J'ai longtemps cherché ce qui liait ces trois départements et j'ai trouvé :
les trains y prennent très souvent leur temps, on sait quand on part
on ne sait pas quand on arrive, vivre ici c'est avant toute chose
passer son permis de conduire.
C'est toute une aventure, cet apprentissage :
il promet de ne pas passer le plus clair de son âge
dans les jupes de sa mère, sur la banquette arrière coincé entre deux gosses
qui braillent sans arrêt : « On est bientôt arrivés ? »
Les vieux devant les portes vous disent dès la fin de l'enfance

qu'il faut apprendre à tenir un volant, à plier le genou,
qu'ici on n'est pas grand-chose quand on ne sait pas passer une vitesse
que le premier diplôme consiste à savoir changer une roue.
Il faut conduire. Très tôt, on grimpe sur un tracteur, on bave sur une moto,
à quatorze ans premier scooter après les gamelles à vélo. On grandit
en conduisant des bolides qui grandissent avec nous :
tout va de plus en plus vite, le paysage, si beau, si habituel,
est comme une pièce de la maison où l'on se croit en cage.
On tourne en rond, on se retrouve au carrefour, à la gare, au péage,
on squatte le lavoir, le stade, le chemin de retenue du barrage.
Voilà, à quoi cela ressemble, vivre dans une paume verte :
le grenier de la France, la laiterie des grandes villes, on lui donne mille noms,

on en fait des livres, on lui chante des chansons,
mais sur place, rien ne change, conduire, c'est aussi pouvoir rester.

L'autre point commun de ces trois petits refuges, c'est le tracé des routes
et des chemins. Tout est entortillé, on dirait que le goudron passe
là où, d'abord, des animaux furieux ont passé.
S'il est question de lacets,
on peut dire sans crainte qu'ils sont défaits.
Que ce soit dans les prés bas et verts,
aux robes des collines mangées par la bruyère ou dans les gorges inondées
de renards et de corbeaux antiques, la route semble avoir longtemps tremblé.
Elle est étroite et tordue, creuse, bordée de barrières et de fossés

où des voitures s'enfoncent les soirs de bal et les adolescents les soirs d'été.
La route semble suivre, sous la terre, une ligne secouée que nous ne voyons pas :
elle file dans les ornières, se cabre entre deux arbres, rétrécit sous la falaise.
On apprend toute sa vie à connaître ses trous, à éviter ses bosses,
on y casse ses roues, on joue au plus rapide, les biches la traversent.
Elle se divise en branches, puis en chemins, et enfin en sentiers.
Elle est grise de brouillard, noire de soleil, blanche de flocons.
Ses couleurs changent, on se fiche un peu de la destination.

La route de campagne part toujours d'une sortie de village :
il faut un panneau barré de rouge, un fossé rempli d'herbe.
Ici commence la France, ici finit le pied de la montagne.

La route de campagne ne file pas : elle se faufile. Elle fait des nœuds
elle ne respecte pas les bornes abandonnées
ni le kilométrage ou les consignes de sécurité.
On peut à peine s'y croiser.
La route de campagne est sauvage et mal entretenue : elle passe
devant des ruines où de braves gens ont pourtant longtemps vécu.
Elle pleure l'hiver sur les voitures retournées, elle glisse sous les pneus,
elle fond sous la chaleur, c'est une drôle de bestiole à qui l'on confie
sa joie et sa terreur.

Autour du village de Saint-Mexant, à proximité de Tulle, elle serpentait,
toute ronde et trempée, entre des champs d'un vert d'orage et des petites forêts

où on lisait le soir la course des familles de sangliers.
Pour aller aux thermes de La Bourboule, enfant, où je soignais mes poumons,
elle s'enfonçait dans les sapins, elle contournait des lacs, je dormais à l'arrière,
mon grand-père conduisait, il faisait encore nuit et quand nous arrivions
j'étais blanche de maladie et crevée de sommeil.
Entre Dieulefit et le Trianon, elle semble toujours plus claire, arrosée par la pierre,
rosie par la lavande.
Des filets retiennent les falaises : on croise des ânes par dizaines.
Et puis, il y a celle qui monte, comme une corde épaisse, devant l'abbaye
où des vaches ruminent, flanquées d'une auréole.
Celle encore qui descend de la ferme jusqu'au petit étang
où l'on attrape des grenouilles qu'on tue

sur une planche pour leur couper les jambes.
Il y a celle qui n'est plus une route tant sa surface est brisée
par les sabots, les roues et les crochets.
On dit d'elle que c'est un passage :
si elle venait à disparaître on ne saurait plus comment
traverser le paysage. J'ai connu tant de ces routes en
ces trois départements : j'ai dans la mémoire une carte dépliée
comme celles qu'on gardait tout au fond d'une boîte à gants.

Qui sait se repérer sur ses routes où l'on se croit toujours seul
n'aura jamais coincé entre les dents le cri du désespoir :
il n'y a pas d'indication, pourtant ces bandes de goudron

nous apprennent qu'à se perdre on retrouve la raison.
Qui a déjà dormi ivre dans leurs fossés sait qu'elles ne mordent pas :
les voitures vous frôlent, parfois elles renversent et tuent,
le danger ne vient pas de la route mais de ceux qui vivent dessus.
J'ai aimé le moment, où, enfin, j'ai reconnu un virage,
un arbre un peu tordu, une borne cachée. J'ai aimé le moment
où, enfin, j'ai compris que je savais où j'habitais. Pratiquer
ces routes-là, c'est apprendre à n'être rien qu'un point qui se déplace
entre deux fermes, entre deux champs, comme un écolier
qui cherche, toute la vie, sa place.

J'ai été si malade dans ces lacets étroits. On a freiné au promontoire,
on s'est garé en vitesse : je suis sortie et mon estomac est sorti avec.
J'ai été si malade dans ces virages qui n'en finissaient pas :
comment faites-vous pour lire, discuter, manger, alors qu'on vous secoue,
alors qu'on vous balance comme un prunier,
comment faites-vous pour supporter le voyage
de quelques kilomètres, de quelques minutes
qui paraissent plus qu'une éternité ?
J'ai été si malade, blanche et pâle, j'ai demandé
à passer devant : la place de la mère, jamais celle de l'enfant.
On me répétait : regarde la route, fixe un point au loin,
alors j'enfonçais mes yeux dans le pare-brise et

je ne voyais rien.
La route, quand elle avait des lignes blanches,
se moquait de ma peine à garder mon petit-déjeuner
à l'intérieur : les routes de campagne sont des routes de dimanche.
On les prend comme on prend son manteau pour s'en aller ailleurs.
C'est le tour de force de ces courbes :
elles vous retournent à la fois l'estomac et le cœur.

À présent je les sillonne sur deux jambes qui tentent d'aller vite.
Je reconnais les lignes que l'enfance a vues longues et grandes,
je me souviens de mille pensées, de mille arrêts d'urgence,

des sandwichs à la viande qu'on mangeait sous le tilleul,
assis sur des fourmilières, recouverts d'araignées et de mouches minuscules.
La route de campagne, c'est surtout ce qu'il y a à côté :
des enfants, du crottin, des vieux sur des cannes lisses,
des vélos dégonflés et les mobylettes qui font des sons d'avion.
Parfois, elle est refaite : les travaux durent des mois.
La peinture fraîche luit au soleil, des plots orange sont installés :
le goudron neuf, quelle merveille, on voudrait y enfoncer son pied.
Alors on les lisse, on en fait des surfaces planes, des silences, des pistes,
on comble leurs rides, on injecte, on déguise,
ça plaît aux vacanciers, ça ravit les touristes,
mais moi je me souviens du nid-de-poule où je me suis vautrée,

je me souviens très bien de ma croûte au genou, et de mon pneu crevé,
je me souviens très bien de m'être arrêtée à la fin des pointillés.

Le point de départ de ma vie, de mes romans, de mes histoires
est éclaté en trois lieux et des centaines de routes de campagne
que vous avez connues, aimées, imprimées sur votre carte.
Ce peut être une épingle sur un col de montagne,
ou le chemin large d'un bord de mer tranquille.
Ce peut être un kilomètre vertical, un ancien sentier de moines,
une ouverture forestière parcourue de rondins
empilés et noués, remplis de serpents noirs et de pommes de pin.
Ce peut être une montée imprenable où j'ai perdu mon souffle,
la fin d'une longue histoire qui termine au péage,
un petit feu de bois qui chauffe la mémoire
où jamais on n'a vu le moindre embouteillage.

On a bu toute une jeunesse sur leur goudron fondu,
on a chanté fort et mal et c'était si joli
ces grands dadais de onze ans qui croyaient avoir plus
et qui parlaient aux filles comme à des vieilles dames.
On s'est cassé un bras, une jambe, une dent
à cause de la nuit noire et des ravins profonds,
on a attendu des heures qu'on vienne nous chercher
en frissonnant d'être attaqué et même retrouvé mort
allongé en travers, épouvantails fanés.

Maintenant on me dit qu'il faudrait voyager par les airs,
apprendre tout un monde comme on retient sa leçon,
mettre une majuscule à tous les noms et parler autrement
que le langage des routes où les jours vont lentement.
Maintenant on me dit qu'il faudrait partir plus souvent,
ne pas mourir trop bête et bien sûr voir du pays.
Je ne veux pas voir du pays, je veux voir mon pays
et qu'il me voit aussi vieillir dans son berceau.

Je me rassure en pensant que les routes de campagne, elles,
ne finiront jamais en morceaux.

CÉCILE COULON est écrivaine. Son œuvre, qui s'ouvre en 2007 avec *Le Voleur de vie* (Éditions Revoir), s'est depuis enrichie de six autres romans, ainsi que de recueils de nouvelles et de poésie. Elle a reçu le prix des Libraires en 2017 pour *Trois saisons d'orage*, et le prix Guillaume-Apollinaire en 2018 pour *Les Ronces*. Elle a dernièrement publié *Une bête au paradis* (Éditions de l'Iconoclaste, 2019), couronné du prix littéraire du *Monde*.

IVANE THIEULLENT est photographe. Après des études en communication au Celsa et une carrière dans la publicité, elle s'oriente vers la photographie, comme artiste, collectionneuse et agent. Elle fonde Voz'Image puis Voz'Galerie en 2008 et promeut de jeunes artistes. Elle a également signé des couvertures de romans.

La nouvelle inédite de

CAROLE MARTINEZ

CAROLE MARTINEZ est romancière. Après avoir enseigné le français, elle se lance dans l'écriture et obtient le Renaudot des lycéens avec son premier roman *Le Cœur cousu*, en 2007. Son deuxième livre, *Du domaine des murmures*, obtient à son tour le Goncourt des lycéens en 2011. Elle s'essaye également à la bande dessinée, avec les quatre tomes de *Bouche d'ombre* (Casterman, 2014-2019). Son dernier roman, *Les Roses fauves*, a paru aux récemment aux éditions Gallimard.

C'est l'histoire d'une vieille dame qui marche le long d'une départementale. Des automobilistes s'arrêtent et lui font faire un bout de chemin. Lui vient une idée : et si elle allait voir la mer…

La fugue

C'EST JUSTE UNE VIEILLE qui marche sur le bord de la route quelque part en France.

Une vieille sous la pluie qui tient deux sacs en plastique à bout de bras.

Elle n'a pas vraiment de signe distinctif, ses enfants ne sauront pas dire comment elle était habillée ce jour-là, quand on le leur demandera à la gendarmerie de Flers, ils ne sauront pas bien la décrire. Ils donneront son âge, quatre-vingts ans. Ça, ils le savent, ils ont fêté son anniversaire tous ensemble dans son jardin cet été, une belle réunion de famille malgré le virus. Ils ajouteront que, physiquement, elle ne les fait pas, qu'elle a l'air bien plus jeune. Ils ne parviendront pas à se souvenir de la doudoune rouge à capuche qu'ils lui ont offerte à Noël il y a quinze ans et qu'elle porte depuis dès que le temps fraîchit. Ils diront qu'elle a de longs cheveux blonds qu'elle natte tous les matins après sa douche, alors qu'en fait ses cheveux ont pris peu à peu une couleur de cendres sans même qu'ils le remarquent. Ils diront qu'elle est grande, qu'elle mesure 1 m 78, alors qu'elle a perdu six centimètres, ils ajouteront qu'ils sont inquiets, qu'elle a disparu, mais seront incapables de préciser depuis combien de temps, ils avoueront un peu gênés qu'ils ne l'appellent pas tous les jours, mais se justifieront en expliquant qu'elle ne pense pas souvent à recharger son portable et qu'elle ne raccroche pas toujours son fixe qui sonne occupé pendant des heures. Ils diront qu'il n'y a rien à faire, qu'elle oublie de plus en plus de choses, que c'est normal à son âge de ne pas se souvenir, qu'ils n'ont pas vraiment de rendez-vous quotidien, ils diront qu'elle ne sait pas conduire, mais qu'elle aime marcher le long de la départementale jusqu'à l'Intermarché de la Ferté-Macé ou jusqu'au marché le jeudi, qu'elle longe le lac à l'aller quand ses sacs sont vides, mais qu'elle prend la grande route au retour pour ne pas avoir à porter ses courses trop longtemps. Ils ajouteront qu'elle a toujours aimé ça, marcher au bord de l'eau, qu'ils lui ont plusieurs fois promis de l'emmener sur les plages du Débarquement un jour, mais qu'ils ne l'ont jamais fait, qu'ils n'ont pas tenu parole, et que ce n'est pas bien grave puisqu'elle oublie. Elle ne se souvient même plus qu'elle a déjà vu la mer, elle a effacé ces joyeux mois d'août qu'ils ont passés en famille dans la caravane et sous les canadiennes à Noirmoutier ou à Saint-Aubin, elle a gommé leur enfance, c'est douloureux de disparaître de la mémoire de sa mère. C'était Mo, leur père, qui conduisait la Renault 12, c'était un inconditionnel des Renault. Elle, elle a passé son permis, mais elle détestait conduire, elle est allée au travail à vélo jusqu'à la fermeture de l'usine de chaussures. Ça pose problème depuis qu'elle est veuve : elle vit toute seule, loin de tout, alors pour faire ses courses, elle marche. Ils diront que les gens l'aiment bien, qu'elle est gentille, qu'elle sourit tout le temps et qu'elle fait comme si de rien n'était, comme si elle se souvenait, qu'elle ne sait dire non à rien ni à personne, qu'elle fait très bien semblant de reconnaître les gens et les lieux, alors qu'elle ne se repère plus dans le temps et dans l'espace.

Elle n'oublie jamais qu'elle nous aime, c'est l'essentiel ! ajouterait son petit-fils, s'il était à la gendarmerie avec ses parents, mais il n'y ira pas, il préférera partir de son côté et sillonner les environs sur son vélo à la recherche de sa grand-mère en hurlant son nom au vent. Lala !

Ils diront son adresse, sa date de naissance, son nom, son prénom. Mais ils ajouteront que tout le monde l'appelle Lala depuis toujours.

C'est juste une vieille en doudoune rouge qui marche sur le bord de la départementale avec ses sacs en plastique à bout de bras. Une vieille quelque part en France. Et il pleut si fort qu'une voiture s'arrête à sa hauteur et que son conducteur lui propose de la déposer un peu plus loin pour lui éviter d'attraper froid. Le jeune gars le lui dit gentiment : Montez Madame, je vous emmène. Vous allez où ?

Elle s'installe en calant ses deux sacs entre ses jambes. Ils se sourient. Ils sont contents, lui de lui rendre service et elle de ce geste spontané qui lui permet de passer un moment à l'abri avec ce garçon avenant. Le cendrier de la voiture déborde de mégots, mais Pierre – il s'est présenté tout de suite –, Pierre ne fume pas en sa présence, il a même mis un masque en tissu rouge pour la protéger dès qu'elle est entrée dans l'habitacle.

Elle se sent si bien avec lui, qu'il pourrait la conduire au bout du monde.

Elle lui dit : Je vous indiquerai, je vis par là, tout droit.

C'est par là qu'il va lui aussi justement, tout droit.

Ils discutent avec chaleur, enfin c'est surtout lui qui parle, Lala l'écoute, elle essaye de rester concentrée. Il lui dit que ce n'est pas normal qu'elle soit là sous la pluie toute seule avec ses courses, qu'elle est trempée, que les gens sont des salauds de ne pas s'arrêter pour l'aider. Elle lui répond qu'elle aime bien marcher, que ses sacs ne sont pas vraiment lourds et qu'il s'est arrêté, lui. Elle en conclut que c'est donc une belle journée malgré ce temps de chien. Ils rient. Très vite, il lui raconte sa vie, son boulot aux abattoirs, sa petite amie, son chien, il lui raconte sa virée de samedi à Paris, pour manifester, comme c'était beau le peuple dans les rues de la capitale, comme les gens déferlaient par milliers, une rivière de visages, il lui dit que, cette fois, avec cette histoire de Covid, ils étaient moins nombreux que l'année dernière, que c'est encore un coup du gouvernement ou des banques pour les empêcher de se réunir, de se rebeller, il s'emballe en conduisant, sans la regarder, il parle de démocratie directe, de fin des privilèges, il ne voudrait pas vivre en ville, ça non – elle l'approuve, elle non plus, elle n'aime pas la ville –, mais il ne comprend pas pourquoi les gens comme lui sont abandonnés, sacrifiés, pourquoi le gouvernement ne se soucie que des riches et se fiche des autres, pourquoi les trains passent devant chez lui sans jamais s'arrêter, pourquoi la gare a fermé. Si les territoires ne sont plus irrigués, c'est comme si on ne gardait que le tronc et la tête, comme si tous les plus petits vaisseaux qui menaient aux autres parties du corps, pourtant essentielles, étaient coupés. Il dit qu'il ne reste plus que des TGV qui traversent le pays,

que c'est la mort du service public, que les petits hôpitaux ferment, que sa copine devra accoucher à des kilomètres de chez eux, qu'il est un citoyen à part entière, pas un citoyen de seconde zone, qu'il n'y a plus de justice sociale, que les gens comme lui n'ont jamais fait de vagues avant, qu'ils étaient bien sages, trimaient dur et gagnaient peu, mais qu'aujourd'hui, c'est fini, qu'il est prêt à se battre pour qu'on l'entende, qu'ils sont nombreux sur les réseaux sociaux. Et il s'emballe, il devient soudain si véhément que Lala ne le comprend plus bien. Il parle de foutre le feu, il parle de révolution, de guerre, il emploie ce mot qu'elle déteste depuis l'époque où sa grand-mère la serrait dans ses bras tandis que tombaient les bombes – malgré l'oubli, elle se souvient très bien de ces nuits-là –, il dit qu'il est prêt à tout casser pour que ce monde inégalitaire tombe. Lala n'aime plus les termes qu'il met bout à bout. Est-elle trop vieille pour espérer une révolution ? Non, elle a toujours détesté les conflits, la violence, elle n'a jamais su gérer la colère des autres. Alors, comme souvent, elle décroche et se réfugie derrière son regard toile cirée, dans la zone grise, dans son amnésie. Elle se demande ce qu'elle fait là, dans cette voiture, à côté d'un inconnu, elle a dû dépasser sa maison depuis longtemps, elle se sent perdue, elle remercie le jeune homme et elle lui dit qu'il peut s'arrêter là, tout de suite, qu'elle est arrivée. Mais où ? Elle n'en sait rien. Il la dépose sur le bord de la route devant une maison qui n'est pas la sienne, une maison qu'elle n'a jamais vue et elle sourit au garçon comme un point final en descendant avec ses sacs. Son sourire calme le jeune homme qui retire son masque rouge pour lui sourire à son tour. Elle ferme la portière en prenant garde de ne pas la claquer. Et elle attend que la voiture soit repartie et hors de vue pour se remettre à marcher le long de la départementale.

C'est juste une vieille qui marche sur le bord de la route quelque part en France.

Vraiment elle ne comprend pas ce qu'elle fait là. Heureusement, il ne pleut plus, les nuages se dissipent et elle avance vers un petit coin de ciel bleu parce que le soleil brille sur les arbres au loin et que ça lui plaît cette belle lumière sur les feuilles rougies par l'automne.

Quelques voitures passent à fond de train et l'une d'elles l'asperge en roulant dans une flaque. La voiture suivante freine et se range sur le bas-côté. La portière avant s'ouvre sur une femme d'une cinquantaine d'années qui court vers elle.

Oh ! Vous êtes trempée ! Quel chauffard ! Merde alors ! Les gens sont fous ! Vous allez loin avec vos courses ? Vous voulez que je vous aide ?

Lala se dit qu'elle connaît peut-être cette dame, que son visage lui rappelle quelque chose. Elle la suit et s'assoit à côté d'elle dans sa

Lala songe que ce monde n'est plus le sien, que les gens sont gentils, mais qu'ils l'ont égarée, qu'elle ne les comprend plus

voiture. Lala remarque qu'il y a un chaton noir sur la banquette arrière. La femme met son clignotant et repart.

Il s'appelle Diego, il a six mois et il est végan comme moi, lui précise la conductrice. Je dirige une association de « sauvetage » et je lui cherche une famille d'adoption. Je pensais lui en avoir trouvé une parfaite, mais j'en reviens et je n'ai pas eu le cœur de laisser Diego là-bas, je leur ai aussitôt envoyé un texto pour leur dire que cela n'irait pas. Ils étaient gentils, mais leur enfant était bizarre et je ne sais pas ce qu'il aurait pu lui faire. Je me suis dit que non, que Diego risquait de souffrir dans cette maison. Je pense que j'ai pris la bonne décision même si elle a été difficile.

Il était méchant ?

Qui ?

Le petit garçon, il était méchant ?

Non, le couple m'a expliqué qu'il était autiste et qu'avoir un animal de compagnie leur paraissait une bonne façon de l'aider sur le plan relationnel. C'est fou, les gens veulent posséder les bêtes, ils ne parviennent pas à les considérer à l'égal des êtres humains ! Il ne faut pas négliger les intérêts des animaux non humains ! Il faut cesser de croire qu'ils ont été créés pour nous nourrir, nous protéger ou nous aider à gérer nos difficultés. On les sépare de leur mère, on les engraisse, on les abat, on les découpe...

Moi, aussi j'aime les bêtes, lui répond Lala en souriant.

Vous en hébergez ?

J'en ai eu des tonnes, des chiens, des chats, des poules, ils sont tous enterrés sous le pommier. Enfin, sauf les poules...

On parle, on parle, mais dites-moi où vous voulez que je vous laisse. Je vois une autre famille dans la foulée et, avec toutes ces histoires, je n'ai pas encore pris le temps de déjeuner.

Vous voulez un morceau de saucisson, dit Lala en fouillant dans l'un de ses sacs, j'en ai acheté un très bon qu'ils proposaient en promo au supermarché, j'ai mon canif et du pain, je peux vous préparer un petit casse-croûte...

C'est juste une vieille qui marche sur le bord d'une nationale quelque part en France.

Le ciel est limpide, le vent froid a soufflé les nuages.

Lala ne sait plus du tout ce qu'elle fait là au milieu de nulle part avec ses sacs. Elle songe que ce monde n'est plus le sien, que les gens sont gentils, mais qu'ils l'ont égarée, qu'elle ne les comprend plus. Elle se sent dépassée, fatiguée. Elle s'assoit sur une grosse pierre mouillée et grignote le croûton de sa baguette bien cuite, elle a toujours préféré la croûte à la mie. Elle se coupe un morceau du saucisson que la dame au chaton a refusé sèchement – elle ne sait pas ce qu'elle rate, la pauvre ! Il est délicieux ! – et elle s'abandonne au paysage de bocages. Ce n'est pas désagréable l'oubli par une belle journée d'automne. Lala chantonne sur son caillou, c'est pour ça qu'elle a hérité de ce surnom, parce qu'elle fredonne des airs sans titre depuis l'enfance.

Elle se dit qu'elle est vieille et perdue et que c'est le moment ou jamais de faire une petite folie et de prendre le chemin de la mer.

Elle se relève difficilement. Avec un peu de chance une autre voiture va s'arrêter, une voi-

ture qui la conduira sur une plage.

En voilà une justement, une longue berline noire qui freine à sa hauteur. La vitre avant électrique teintée descend côté passager. Un homme en costume sombre est au volant, il porte un masque noir bien ajusté sur le bas de son visage. Il la regarde. Elle lui demande s'il va vers la mer. Il hoche la tête et lui désigne la banquette arrière.

Elle entre ravie, c'est confortable des sièges en cuir ! Elle met ses sacs en plastique par terre pour ne pas les tacher, mais elle oublie qu'elle a les fesses trempées à cause du caillou. Le chauffeur lui propose de prendre un masque chirurgical dans le vide-poche. Elle répond qu'elle a le sien dans sa doudoune, qu'elle ne s'y fait pas, qu'elle ne respire pas sous ces trucs-là. Mais elle s'exécute pour lui faire plaisir et accroche les élastiques de son masque en tissu blanc derrière ses oreilles.

Il ne dit rien, elle non plus.

Ce silence dans la voiture est étrange, mais pas désagréable.

Elle se laisse bercer par la conduite fluide de son chauffeur et elle s'endort un moment. Combien de temps ? Elle n'en sait rien.

Une musique d'enterrement la réveille. La marche funèbre de Chopin. C'est la sonnerie du téléphone de son chauffeur. Le conducteur répond comme si elle n'était pas là et une conversation s'engage. L'homme doit passer prendre quelqu'un dans trente-deux minutes à la sortie de sa réunion, puis deux autres personnes chez elles. La voix d'outre-tombe lui donne des adresses, des noms et des horaires très précis, trop précis, que le conducteur ne note pas. Il a de la mémoire, lui ! C'est beau la jeunesse ! Elle se dit qu'il doit avoir l'habitude, que c'est sûrement un chauffeur de maître ou quelque chose comme ça. Une fois qu'il a raccroché, elle fredonne la marche funèbre un moment, avant d'oser lui demander s'il travaille pour un homme d'affaires. Mais il lui répond qu'il ne transporte jamais deux fois les mêmes personnes et qu'en ce moment il croule sous le boulot, qu'on ne chôme pas dans sa partie, que c'est de pis en pis et qu'il va finir par faire un *burn out*, comme ils disent, tous ces gens qui rechignent au travail. Il s'emporte soudain : selon lui, la plupart des hommes sont des bons à rien, des fainéants, mais même les pires, ceux qui n'ont rien fait de leur vie, s'accrochent à leur misérable existence avec une énergie qui le surprendra toujours. Il ne comprend pas les hommes, ils lui facilitent rarement la tâche, et puis il se raidit et se tait de nouveau.

Une petite faux métallique se balance, accrochée à son rétroviseur.

Une petite faux étrange que Lala ne parvient pas à lâcher des yeux.

Elle la regarde se balancer, c'est un peu hypnotique.

Plus elle la regarde et plus elle se souvient.

Plein de moments de sa vie qu'elle avait oubliés lui reviennent à l'esprit et, comme prise d'une frénésie de dire, elle les raconte à cet homme silencieux qu'elle ne trouve pourtant pas franchement sympathique. Elle parle de ses parents, de ses collègues à l'usine, de ses accouchements, elle parle de ses enfants, de Mo, son amour qui l'a quittée il y a cinq ans. Un cancer. Le chauffeur ne dit rien, mais il lui semble qu'il sourit un peu sous son masque. Elle s'en fiche, il peut bien ricaner en silence, se moquer de sa misérable existence, comme il dit, elle est si contente de se souvenir soudain de tout dans le moindre détail. Ça fait beaucoup de souvenirs, quatre-vingts ans de vie, elle fait le tri, elle laisse les plus moches de côté, les pourris, ceux des douleurs et des peines, des déceptions, elle ne garde que le meilleur qu'elle raconte dans cette berline de luxe en route vers la mer. La douceur, la tendresse, les parties de pétanque et de cartes avec les gamins, avec les copains, les caresses de son homme, celles de sa mère, les baisers, une quantité folle de baisers, toute une vie d'amour… Et même si ses petits sont trop pris par le temps pour venir tous les dimanches, ils sont là dans son cœur.

La voiture s'arrête soudain, l'homme sort et lui ouvre la portière. Il lui dit qu'il faudra qu'elle finisse toute seule, qu'il ne peut pas aller plus loin, qu'elle trouvera son chemin, qu'elle est presque arrivée.

En descendant avec ses sacs en plastique, elle est désolée de voir que son cul mouillé a marqué le cuir de la banquette. Elle n'ose pas en parler au chauffeur, mais il remarque sa gêne et lui dit que ce n'est pas grave, que ça va sécher, que rien ne marque ses fauteuils-là, qu'ils sont conçus spécialement pour résister à tout, aux larmes comme au sang.

Il lui tend la main, paume ouverte, et, sans se poser de question, Lala lui donne la pièce qu'elle a toujours dans sa poche au cas où elle croiserait un malheureux.

C'est juste une vieille qui marche au bord d'une route quelque part.

Il fait doux, si doux qu'elle retire sa doudoune et la fourre dans l'un de ses sacs en plastique, elle porte des jeans et une chemise orange. Il y a ce parfum dans l'air, un parfum qu'elle reconnaît et qui l'emplit de joie. Ça sent la mer et l'été dans ce paysage de carte postale. Des années que Lala avait oublié ses étés en famille au camping, au bord de l'Atlantique ou de la Manche.

La route est étrangement déserte, il fera bientôt nuit, le temps file à une vitesse folle !

Lala entend une voiture arriver, elle se retourne. C'est une Renault 12 bleue flambant neuve qui tire une caravane. La voiture ralentit et roule au pas à côté d'elle toutes fenêtres ouvertes.

Son conducteur la hèle pour attirer son attention, il ne porte pas de masque et il lui sourit.

Il est bien plus jeune que la vieille dame en doudoune rouge. Mais la vieille dame a enlevé sa doudoune rouge et, à bien y regarder, elle n'est plus si vieille, sans qu'on le remarque, ses cheveux ont repris leur couleur dorée, elle se tient droite et paraît bien plus grande. À vrai dire, elle n'est plus vieille du tout et elle ne marche plus, elle s'est figée sur le bord de la route dans la lumière presque verticale de cette fin de partie, figée face à l'homme qui lui parle tendrement.

Allez, monte ma Lala ! je t'emmène à la mer. ♦

CÉLINE DEVAUX est illustratrice et réalisatrice. Après des études de lettres et d'histoire, elle s'est formée à l'École nationale des arts décoratifs de Paris. Ses projets couvrent aujourd'hui de multiples domaines : arts plastiques, illustrations, films, films d'animation. César du meilleur court-métrage d'animation en 2016 pour *Le Repas dominical*, elle a reçu en 2017 le prix du meilleur court-métrage à la Mostra de Venise pour son dernier film, *Gros Chagrin*. Elle collabore régulièrement au *1*, dont elle illustre la poésie en page 4 en alternance avec Hubert Poirot-Bourdain.

AMIS AILÉS

FRANCESCA TODDE

Cigognes, étourneaux, chouettes, perruches, cygnes, pigeons, milans… Ce sont tous des compagnons de Tristan, qui est leur « éducateur ». Singulier métier que de préparer tous ces volatiles à faire de la scène ou du cinéma. Son secret ? Il se fait oublier pour mieux les apprivoiser.

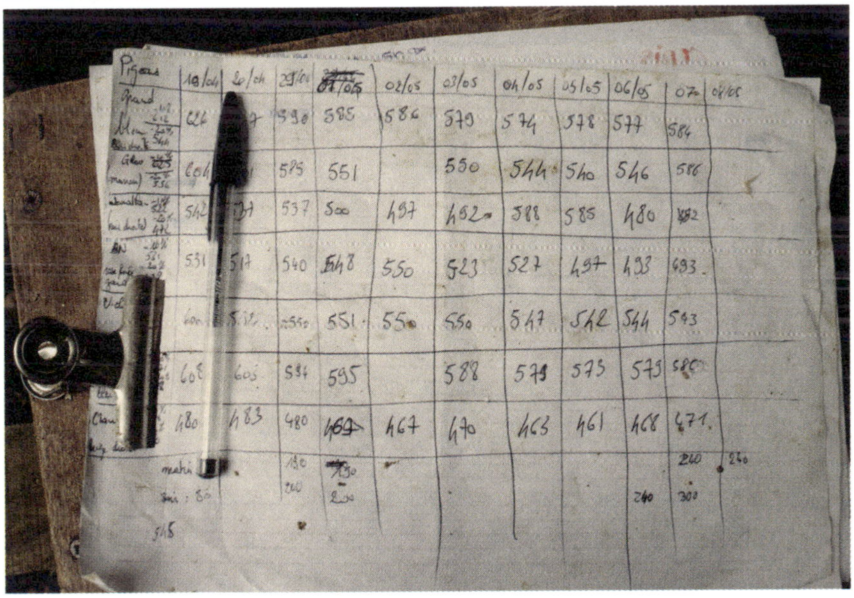

Fais comme l'oiseau

par FRANCESCA TODDE

J'ai rencontré Tristan Plot, éducateur d'oiseaux, alors que je suivais une troupe, le Théâtre du Centaure, en tournée à Avignon. Un soir, il est venu voir un spectacle. Quand je l'ai entendu parler de son travail avec les oiseaux, je l'ai approché. Usant de méthodes douces, il les prépare à participer à des représentations de théâtre et de danse ou à des documentaires cinématographiques.

Pendant les presque trois années où j'ai mené mon projet, j'ai rendu visite à Tristan à plusieurs reprises dans sa maison, près de Poitiers, ou quand il était en tournée. L'approche de Tristan se fonde sur la compréhension de la sensibilité des oiseaux, qui est plus étendue que la nôtre : la position du corps, l'intensité du regard ou encore les intentions qui nous animent, ont pour les oiseaux beaucoup d'importance. Le titre de mon projet, *A Sensitive Education*, fait référence au besoin que j'ai eu d'éduquer ma propre sensibilité afin de raconter cette histoire.

Au début, j'ai adopté un langage plutôt documentaire, qui s'est peu à peu fondu dans la recherche d'un sujet apparemment invisible pour les yeux. J'ai décidé de ne pas me donner de limite de temps, m'accordant le privilège d'attendre les images, en travaillant presque exclusivement en lumière naturelle, avec des optiques fixes et sans recourir à la mise en scène. Tristan m'a permis d'entrer en contact avec des êtres vivants qui, autrement, auraient eu peur de moi. Par une approche lente, en respectant le rythme de l'autre, j'ai pu me plonger dans leur monde fait d'événements minimes et subtils. ♦

1. Cette cigogne blanche regagne le toit de la maison de Tristan, où elle construit son nid.

2. Dans sa main, un étourneau qu'il fait travailler avec des handicapés ou des prisonniers.

3. Tristan prépare cette chouette pour une pièce de théâtre.

4. Observation mutuelle.

5. / 6. Dans le jardin de sa nouvelle maison à deux étages.

7. Le plumage jaune de cette perruche à collier dénote avec celui de ses congénères, vert et bleu.

8. Ces cygnes prenaient part à un spectacle qui s'est arrêté après les attentats de novembre 2015.

9. Son immobilité permet aux animaux de se manifester.

10. Cette balance sert à peser les cygnes.

11. / 12. Les œufs de sa cigogne, qui n'a pas de partenaire de son espèce, ne sont pas fécondés.

13. / 14. / 15. Chaque matin, il contrôle le poids de ses oiseaux pour s'assurer de leur état de santé.

16. / 17. Répétitions du spectacle de Pascal Quignard auquel participent une corneille et cette chouette au dos doré.

18. Le milan noir quitte son gant et commence à voler.

19. Sous le pont de Saint-Martin la Rivière (Vienne), non loin de sa maison, avec son corbeau.

FRANCESCA TODDE est une photographe italienne. En 2018, elle a créé avec l'artiste Luca Reffo la maison d'édition Départ pour l'image, qui met en valeur des travaux expérimentaux, à la frontière entre photographie et art contemporain. Elle a récemment publié dans cette maison *A Sensitive Education*, un beau livre qui retrace son travail sur les liens d'empathie entre l'homme et l'animal à travers le portrait de Tristan, un éducateur d'oiseaux pour le cinéma et le théâtre. Elle vit à Milan.

LE GONG DES CULTURES

par VALÉRIE PARLAN

Franchir le seuil de la Maison de la Nouvelle-Calédonie en plein Paris, c'est faire un pas de géant et fouler une terre à l'histoire aussi douloureuse que prometteuse.

16 748 KILOMÈTRES séparent la Maison de la Nouvelle-Calédonie, rue de Ventadour, à Paris, de l'aéroport La Tontouta, à Nouméa. Pour rejoindre l'Océanie, les premiers colonisateurs naviguaient pendant des mois. Deux siècles plus tard, le vol dure un peu moins de vingt-quatre heures à travers onze fuseaux horaires.

Entrer à la « MNC », comme l'appellent ses fidèles depuis son inauguration en 2008, c'est sentir cette compression des distances. On quitte l'agitation parisienne pour atterrir dans cette France du Pacifique Sud. Le choc des ambiances, le gong des cultures. Avec du sable blanc de l'île de Lifou et de la terre rouge de Kouaoua sous vos pieds, des aquariums colorés et des plantes à portée de main...

Mais la MNC promeut bien plus qu'une attractivité touristique. Entre ces murs se raconte l'histoire d'une république aux noces parfois tumultueuses avec ses territoires d'outre-mer. Entre Paris et Nouméa, l'idylle a davantage tenu du mariage arrangé que du consentement mutuel et de la lune de miel.

Française depuis 1853, l'ancienne colonie s'est développée sur les terres du peuple kanak, présent depuis des millénaires. Au fil des décennies, le gouvernement a tricoté sa politique de peuplement, séduisant des colons venus de l'Hexagone ou de ses îles de l'Océan indien, d'Asie pour y ouvrir des comptoirs, cultiver le sucre, le café, le coton. Et y faire purger des peines de prison au bagne, ouvert en 1863 en renfort de son cousin guyanais.

Pour prospérer, il a fallu céder de la place aux paysans européens, faire suer les forçats sur les routes et dans les mines de nickel – l'or vert de l'archipel. Tout en méprisant le sort du peuple originel. Les Kanaks sont restés cantonnés dans des réserves, cadenassés dans leurs droits par le régime de l'indigénat, exposés au passage dans des zoos humains à Paris, enrôlés pendant la Grande Guerre comme tirailleurs...

Dans son élégant bureau, Joël Viratelle, le directeur de la Maison, ne tait pas les traumatismes passés. Il est un héritier de ces destins entremêlés : « Je suis né en Nouvelle-Calédonie et suis caldoche[1], comme on dit. Mes ancêtres sont arrivés au XIXe siècle. Dans ma famille, on retrouve des bagnards, transportés depuis la Kabylie algérienne, mais aussi des colons libres de Belgique, tentés à l'époque par la grande aventure dans le Pacifique. J'ai grandi à Nouméa, fait mon droit à Bordeaux puis suis revenu, reparti... » Une terre d'Eldorado, mais aussi de souffrances que cet ancien inspecteur de l'Éducation nationale, un temps instituteur en brousse, a vu se consumer dans la violence lors des « évènements » des années 1980, les funestes « années de cendres » de la guerre civile.

Un vivre-ensemble chaotique s'est concrétionné sur le caillou en minant le terrain politique. Deux camps s'affrontent : les indépendantistes, majoritairement kanaks, et les non-indépendantistes, dits « loyalistes ». Attentats, fusillades, émeutes... Jusqu'au drame d'Ouvéa, en 1988. Des militants du Front de libération nationale kanak et socialiste (FLNKS) tuent quatre gendarmes, en retiennent d'autres en otage dans la grotte de Gossanah. L'assaut des forces de l'ordre cause la mort de dix-neuf Kanaks et de deux militaires. Suivent cette année-là les accords de Matignon, la poignée de main historique entre Tjibaou et Lafleur, puis l'accord de Nouméa en 1998. « La Nouvelle-Calédonie est alors devenue terre de parole et de partage. Cette maison puise toute sa philosophie dans ces accords et rend intelligible le processus en cours de décolonisation et d'émancipation politique. » Le score serré du deuxième référendum d'autodétermination, organisé le 4 octobre dernier, l'a de nouveau illustré : 46,74 % pour le « oui » et 53,26 % pour le « non » à l'indépendance.

Maison de la Nouvelle-Calédonie. © WILLIAM BEAUCARDET

À la MNC, il faut traverser le long couloir bordé de taros, crotons et cordylines, des plantes sacrées, pour arriver au cœur de cette paix retrouvée, symbolisée par la grande case traditionnelle, lieu de pouvoir et de palabre des clans kanaks. « Nous avons tenu à recréer un chemin initiatique, détaille Joël Viratelle. Dans la pratique ancestrale kanake, c'est le chemin coutumier qui détermine le geste et nous mène vers cette case et ses huit poteaux majestueux. »

Les troncs en bois de houp de trois mètres de haut et 700 kg chacun ont été sculptés à Hienghène, au nord de l'archipel, par des artistes mandatés par leur chefferie. C'est d'ailleurs aux clans qu'appartiennent les sculptures, et eux seuls ont le droit d'en révéler les mythes associés… « Les arbres sont devenus des Vieux Kanaks, symboles des ancêtres disparus, si précieux dans la vie coutumière. Ils représentent aussi le pays tout entier, ses institutions politiques, coutumières et ses trois provinces. Nous sommes là aux confins du monde du visible et de l'invisible. » L'ambiance tamisée semble ici coller à la neutralité affichée. On ne fait que susurrer son camp électoral.

Une maison hôte des esprits d'antan, des ennemis d'hier, mais aussi refuge des nouvelles générations. Car le destin commun que les 270 000 habitants se construisent depuis trente-deux ans ne se résume pas qu'à un joli décor. « La MNC n'est surtout pas un musée et encore moins une folklorisation de notre histoire, réagit le directeur. C'est une maison vivante, un point d'ancrage pour les Calédoniens dans l'Hexagone, auprès de qui nous assurons des missions de service public. »

Pour les jeunes qui débarquent en métropole, c'est une étape incontournable. Tous connaissent le bureau d'Agnès Siraut, cheffe du service étudiant. On les écoute, on les soutient pour se loger, gérer leur quotidien, retourner au pays. Dans ce lieu d'exposition et de conférences, il n'est pas rare de croiser des Calédoniens venus y lire le journal local. « Le lieu permet de chasser les coups de blues dus au manque du pays », glisse Anne Bihan, cheffe du service public, action culturelle et communication.

Des mains qui se tendent, des voix qui se répondent comme une allégorie de la toutoute calédonienne. Cette conque, symbole actuel des élus du Congrès, servait autrefois aux clans kanaks pour se rassembler. Tous sous un même toit. ♦

1. « Caldoche » désigne les Calédoniens venus d'Europe et installés depuis plusieurs générations sur le territoire.

VALÉRIE PARLAN est journaliste. Elle collabore à *Ouest-France*, se spécialise dans le traitement des territoires d'outre-mer et assure des formations en journalisme au CFPJ.

ÇA S'EST PASSÉ PRÈS DE CHEZ VOUS
par RÉGIS JAUFFRET
Illustré par ÉRIC HÉLIOT

Inspiré ou non par des événements relatés dans les quotidiens régionaux, l'auteur laisse dans ces histoires libre cours à son imagination.

1. Alpes-Maritimes

NOUS AVONS RENCONTRÉ le Dr Plumet – gériatre aux Feuilles mortes, une maison de retraite privée des environs de Grasse. Nous lui avons demandé pourquoi les séniors chérissaient particulièrement notre région :

– L'être humain a un besoin vital de lumière et de chaleur aux approches de la mort. Inconsciemment, à partir de la soixantaine, le froid et la nuit s'insinuent sournoisement dans ses fibres en pré-écho à la fraîcheur et à l'obscurité de la tombe où on le déposera bientôt. Une personne venue du Nord, placée chez nous dans une maison de retraite dynamique et soumise trois cents jours par an à une forte luminosité, s'apercevra après quelques mois qu'elle accepte plus sereinement la perspective de son décès.

Le docteur – âgé lui-même de 73 ans – nous invita alors à visiter le solarium végétalisé où les pensionnaires peuvent profiter à gogo de la chaleur et des ultraviolets. Après nous avoir montré, attablé dans la salle de restaurant où sont servis des repas équilibrés riches en fibres, un couple de Nancéiens dont le blanc sourire trahissait la joie d'avoir obtenu le matin même une concession dans un cimetière très sélectif de Ramatuelle, notre hôte souligna qu'avec la construction de la technopole Sophia Antipolis, les Alpes-Maritimes avaient su anticiper le virage numérique sans pour autant cesser d'exploiter l'or gris dont, avec l'accroissement continu du nombre de vieux, le filon n'est pas prêt de se tarir !

2. Aube

MÉGANE BARTHOLIN, Troyenne de 37 ans, cordonnière, avait l'habitude de conserver à portée de main sur sa table de nuit une de ces raquettes antimoustiques qui électrocutent l'insecte d'une décharge. Bien davantage que le dard de ces nuisibles, elle craignait les érections nocturnes de son mari qui, malgré ses 41 ans, conservait une vigueur de jeune homme. Une légère impulsion sur le gland turgescent suffisait à remettre le salopard à sa place, et une paisible nuit de sommeil s'ensuivait pour l'artisane.

Hélas, au fil du temps, le raide mari finit par s'habituer à ce traitement et à plusieurs reprises parvint à ses fins. L'épouse apprécia peu ces coïts consentis de guerre lasse pour ne pas réveiller sa mère assoupie dans la chambre voisine. Elle visita donc un armurier qui lui conseilla un appareil d'autodéfense type *taser-shocker*. Une semaine après cet achat, la travailleuse épuisée par une harassante journée de travail se trouva une fois encore réveillée par l'organe du mari qui – ce sont ses dires – la frappa en plein visage de sa tête dure comme celle d'un marteau. Le flux électrique traversa le pénis à la façon de la foudre un paratonnerre, et l'obsédé décéda d'une crise cardiaque bien méritée – quoique involontairement provoquée. Après cinq heures de garde à vue, Mégane Bartholin a été mise en examen pour avoir entraîné la mort sans intention de la donner. Le libertin sera incinéré et ses cendres dispersées aux quatre vents pour éviter que les érotomanes de la région ne se livrent sur sa tombe à des orgies. ♦

3. Haute-Garonne

TOULOUSE, dimanche matin, Mme Yvonne Carpentier, 92 ans, lépidoptérophile passionnée qui a chu du pont des Catalans en se penchant à l'excès par-dessus le parapet pour tenter d'attraper un rare papillon a été sauvée en aval par un assassin venu jeter dans la Garonne les corps dépecés de sa femme et de ses trois enfants. C'est en balançant les paquets lestés de pierres qu'il aperçut notre concitoyenne en train de se faire happer par un tourbillon. Des jeunes gens l'avaient vue passer en amont, mais avaient décidé d'un commun accord de ne pas prendre le risque de se jeter à l'eau, car la noyante leur avait paru trop vieille pour mettre leur propre vie en péril. S'il s'était agi d'un enfant ou d'une personne dans la force de l'âge, ils n'auraient alors pas hésité – ont-ils prétendu – à se jeter dans le fleuve déchaîné. Les jeunes salauds ont même eu le cynisme d'affirmer en riant aux gendarmes qu'ils auraient plongé pareillement pour les beaux yeux d'un chiot ou d'un chaton à l'espérance de vie supérieure à celle de la séniore.

Quant au délinquant, il a été arrêté au moment même où, depuis la civière où on l'avait allongée sous une couverture de survie, cette dernière le remerciait en pleurant toutes les larmes de la rivière. L'homme était furieux d'avoir cédé à ce réflexe humaniste. En effet, il ne comptait guère sur la rentabilité de son acte d'héroïsme devant la cour d'assises. Le sauvetage d'une aînée ne compenserait certes pas aux yeux du jury le lâche assassinat d'une femme de 31 ans et de ses trois petits. ♦

4. Morbihan

SAINT-PIERRE-QUIBERON, dans la nuit de lundi à mardi alors que le thermomètre avoisinait les 4 °C, deux jeunes ivrognes décidèrent de prendre un bain de mer. Un vent de terre soufflait à la vitesse de 80 kilomètres-heure, secouant méchamment les rares bateaux qui mouillaient non loin de la plage. Ces inconscients de 24 et 25 ans se sont jetés tout habillés dans l'eau glacée avec aux pieds leurs bottines santiag en peau de requin. Au lieu d'être saisis d'hydrocution et de couler à pic, ils furent étrangement emportés au large comme deux bouées. Un pépiniériste qui promenait son chien retrouva le lendemain à l'aube leurs cadavres fracassés sur les rives de Carnac, une bourgade située à neuf kilomètres à vol d'oiseau de Saint-Pierre.
Les corps furent transportés à l'institut médico-légal de Rennes. L'autopsie révéla que les fêtards étaient décédés avec un taux d'alcool de cinq grammes par litre de sang. D'après le médecin légiste, l'alcool étant plus léger que l'eau, ils ont filé sur les flots comme des barques folles. Un comité d'administrés demande le bannissement du vin, du cidre et des spiritueux sur toute la presqu'île. Cafetiers et commerçants ne l'entendent pas de cette oreille et en appellent au « droit des gens » cher au philosophe Emer de Vattel, dont la légende prétend qu'au printemps 1760 il résida plusieurs semaines dans la région pour les beaux yeux d'une Carnacoise. ♦

5. Île-de-France

UNE PROFESSEURE de mathématiques âgée de 36 ans enseignant dans un grand lycée des beaux quartiers de Paris, accusée d'avoir eu à quarante-sept reprises des rapports avec un de ses élèves – un mineur de 17 ans – a été arrêtée le 7 décembre en plein cours. La femme recevait le gosse à son domicile situé Gare du Nord dans une rue populeuse où il pouvait se faufiler parmi la foule sans se faire remarquer. Ces cérémonies crapuleuses, incluant le plus souvent un coït mené jusqu'à son terme, auraient continué longtemps si la victime n'avait pas égaré son portefeuille à l'occasion d'une étreinte sauvage dans les parties communes de l'immeuble. Le voisin qui le retrouva reconnut le jeune homme sur la photo de sa carte d'identité et ne put que constater sa minorité.
En garde à vue, la prédatrice a prétendu que l'enfant l'avait séduite en s'exhibant, inversant de la sorte les culpabilités. Le jeune homme corrobora ses dires, affirmant de surcroît avoir été consentant lors des quarante-sept rapports illégaux. Un urologue avait été dépêché par le juge d'instruction afin de retrouver d'éventuelles traces de violence permettant d'infirmer sa déposition mais, placée en détention provisoire, la pédophile suspendue à titre conservatoire par l'Éducation nationale a été retrouvée lundi matin pendue aux barreaux de sa cellule et, selon la loi, *l'action publique s'éteint à la mort du suspect*. ♦

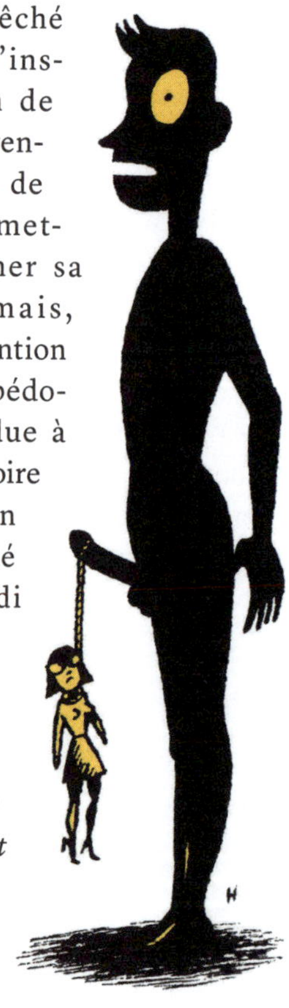

6. Vienne

UNE ÉTUDE menée par le très sérieux Mindness Institute of Colorado prouve que nos amis châtelleraudais sont les citoyens les plus intelligents de l'Hexagone. En effet, à peine 5 % d'entre eux ont la sottise de prétendre que grâce aux progrès de l'informatique on pourra bientôt additionner des poires avec des bananes alors qu'ils sont plus de 9 % à Poitiers, 13 % à Lille et 27 % dans les écoles de commerce franciliennes, car il apparaît que, bigote des GAFAM, la jeunesse instruite attribue aux gourous de la Silicon Valley d'invraisemblables pouvoirs. D'aucuns supposant par exemple à Mark Zuckerberg la faculté de ressusciter Napoléon à sa guise grâce à la trace d'ADN extrait d'un gilet de l'empereur acheté 3 millions de dollars en septembre dernier chez Christie's, et de converser avec lui des nuits entières de l'avenir du monde avant de le renvoyer à l'aube d'un coup de pied aux fesses rejoindre sa paillette aux côtés des légumes bio et des glaces au canard impeccablement alignés sur les clayettes immaculées de son congélateur Westinghouse.

Nous avons voulu nous aussi tester l'intelligence de la population de Châtellerault. Postés place Émile-Zola, nous avons abordé des passants de façon randomisée, déclinant poliment une identité fictive avant d'enfouir notre visage dans un sac de toile opaque afin de chausser sans être vu une grosse paire de lunettes à épaisse monture d'écaille.

– Et maintenant, je m'appelle comment ?

Une écrasante majorité répondit sans hésiter : *M. Broutard !* Exactement le patronyme sous lequel nous nous étions présentés à eux. Finauds Châtelleraudais, c'est l'entièreté de la Nouvelle-Aquitaine qui est fière de vous. ⧫

7. Meuse

SAMEDI, 15 heures, un jeune homme de 29 ans est apparu à l'état de nudité dans l'enceinte de l'hypermarché E. Leclerc de la Grande Terre. Chargés de verbaliser les citoyens dénués de masque qui exposent nos diabétiques, nos obèses et nos aînés à la mort par Covid-19 dont ils sont la cible privilégiée, deux policiers furent abordés par un couple de parents collet monté qui réclamèrent l'arrestation de l'individu. Or, le visage du dénudé était réglementairement garni, le rectangle de coton filtrant couvrant convenablement son appendice nasal alors que ceux des deux fâcheux le laissaient poindre. Les policiers infligèrent conséquemment à chacun de ces derniers une amende de 135 euros. Le couple furieux accusa alors le président de la République de brimer la classe moyenne malgré sa réelle médiocrité qui devrait lui valoir un traitement de faveur compensatoire. S'excitant mutuellement, les membres du binôme en sont arrivés à gifler assez violemment le bonhomme en matériau composite multicolore qui montait la garde devant un McDonald's. Les policiers prirent alors la décision de les menotter. Ils se débattirent, et il fut fait usage de la force. Une vidéo qui fait florès sur la toile montre les deux individus grimpant piteusement dans un car de police tandis que par-dessous le masque du jeune exhibitionniste en légère érection posté non loin s'échappe un ricanement. Le bébé en poussette des contaminants a été cause d'une altercation entre les grands-parents qui se sont disputé sa prise en charge. ⧫

RÉGIS JAUFFRET est écrivain. Né à Marseille, il est l'auteur de nombreux romans, dont *Histoire d'amour*, *Clémence Picot*, *Fragments de la vie des gens*. Reçoit le prix Décembre pour *Univers, univers* (Verticales, 2003) et le prix Femina pour *Asiles de fous* (Gallimard, 2005). En 2007, *Microfictions* (id.) est récompensé par le prix France Culture-Télérama et le grand prix de l'Humour noir. En 2018, le deuxième opus des *Microfictions* (Gallimard) a obtenu le Goncourt de la nouvelle. Publié en 2020 aux éditions du Seuil, *Papa* raconte la découverte du passé de résistant de son père.

FAIRE ENSEMBLE
la chronique de MARIE DESPLECHIN
Illustrée par IRIS HATZFELD

RETOURS AU PAYS

Trimestre après trimestre, l'écrivaine nous raconte la vie de sa filleule de Seine-Saint-Denis, à présent inscrite dans un internat parisien.

QU'EST-CE QUE j'imaginais ? Qu'elle survivrait au collège ? Comme si je ne connaissais pas le broyeur, comme si mes trois enfants n'y étaient pas passés. Je me cramponne au déni quelques semaines puis les notes tombent. Elles passent et repassent sur les torchons de ma collégienne, faisant mine de l'informer, comme si elle était à convaincre, qu'elle est une nullité, un zéro, un cas social et même clinique. Ce n'est pourtant pas faute d'y passer les week-ends, de faire intervenir des aides en anglais, et en maths, de lire à voix haute les livres assommants généreusement prescrits par la prof de français. Enfin, pour ces derniers, même moi je finis par jeter l'éponge. Il y a des limites à tout. Pour un môme qui a des difficultés d'apprentissage, la distribution implacable des notes selon un barème unique a le mérite d'enraciner une certitude : il est parfaitement vain de fournir le moindre effort, c'est trop tard. Aux vacances d'automne, ses quelques velléités de rentrée (s'intéresser, progresser) sont écrabouillées.

Si encore j'étais sur son dos tous les soirs... Mais je me rends compte que l'internat s'adresse à des enfants autrement autonomes. Quelques étudiants bénévoles de Science Po passent bien en fin de journée donner de leur temps pour l'aide aux devoirs. C'est gentil, mais sans rudiments de pédagogie ça ne marche pas. Elle prend en grippe le malheureux qui suit son travail. Elle lui trouve les yeux fixes, l'air méchant. Elle m'appelle le soir pour se plaindre. Il lui fait peur. Elle pleure. Fin de l'aide aux devoirs.

Comme il faut bien occuper le temps, elle déploie une activité sociale intense, se lie d'amitiés tumultueuses, prend sous sa protection un camarade assez courageux (ou suicidaire) pour se déclarer gay et porter le chignon, évidemment victime de harcèlement homophobe. Elle s'ennuie en cours, rêvasse, sommeille, sème le désordre, selon les heures. Par ailleurs, elle a beaucoup à penser.

Début septembre, sa mère l'a informée qu'elle emmenait les deux aînés au pays pour les mois d'été. Ils ont 15 ans, ce sera leur première fois. La famille les attend, ils feront connaissance. L'excitation est à la mesure de l'événement, considérable. C'est qu'il faut bien un an pour préparer l'expédition, mettre l'argent de côté, rassembler la quantité de cadeaux qui rempliront les valises. Ah oui, ma collégienne n'est pas du voyage. Elle restera dans la cité, avec son père qui ne prend pas de vacances. Pour elle qui rêve de la Côte d'Ivoire, qu'elle imagine comme « une très grande ville, très belle », c'est un effondrement. On l'abandonne, encore une fois. Et sans lui donner de raison.

C'est un effondrement. On l'abandonne, encore une fois. Et sans lui donner de raison

Pour discuter depuis si longtemps avec sa mère, je la connais, la raison. Les titres de séjour de la famille ont été délivrés par l'Ofpra pour préserver les filles des mutilations traditionnelles. Il faut attendre qu'elles aient atteint un certain âge pour se rendre dans le pays des parents. Faute de quoi, elles risquent un excès de zèle purificateur de la communauté. 11 ans, c'est encore trop jeune. C'est la loi.

Je pèse le pour, je pèse le contre. Je garde mes informations pour moi. Ce n'est pas à moi de révéler ce qui s'apparente à un secret, dont les parents sont les gardiens et qu'ils auront un jour à libérer. En attendant, c'est le drame. Il me faut un peu de temps pour trouver une explication intermédiaire : elle doit attendre ses 13 ans et sa demande de naturalisation pour pouvoir voyager. C'est suffisamment logique pour apaiser les choses. Et puis je promets que nous passerons l'été ensemble, en France d'accord, mais la campagne c'est toujours mieux que rien.

Elle n'a pas fini de digérer sa déception qu'une catastrophe lui tombe dessus. Son père annonce inopinément qu'il part au pays, un mois, pour s'y marier. Il a beau arguer que cette deuxième épouse ne compte pas venir en France, il faudra bien qu'il entretienne, en partie au moins, ce nouveau foyer. Je me sens flouée du soutien que j'ai pu lui apporter. Tout ça pour ça… Je suis excédée. Et j'ai beaucoup de peine pour sa femme. Elle est terriblement blessée. Ils s'étaient pourtant mariés sous le régime de la monogamie… Et à quoi bon avoir enduré ensemble tant d'épreuves si c'est pour qu'il aille chercher son bonheur ailleurs ? Les enfants, semble-t-il, sont au courant depuis longtemps. Ils suivent par-dessus l'épaule de leur père, sur son portable, les conversations qu'il entretient avec cette femme. Leur mère se défend bec et ongles, mais elle a beau faire, elle n'empêchera rien. Chacun des deux parents plaide sa cause devant les enfants, qu'il conjure de prendre son parti. Imaginez un divorce qui se passe vraiment mal, quand aucun des deux n'entend quitter le domicile familial, et prend la marmaille à témoin, c'est à peu près ça. L'enfer. Mais tout ce que j'en sais, je le tiens de sa mère. Pas d'elle qui, chez moi, n'en dit rien.

J'en touche un mot à la CPE, pour éclairer peut-être les absences, les changements d'humeur, les chahuts, les rébellions. J'apprécie sa compassion, mais ni elle ni moi n'avons le pouvoir d'interrompre l'emballement synergique des abandons et des échecs, du silence et des questions sans réponses. Rendez-vous est pris avec le psychologue qui officie quelques demi-journées par semaine dans l'enceinte du collège. Merveille, il est noir, sans doute ivoirien, et plein de gentillesse. Il accorde deux rendez-vous à ma petite sixième. C'est bien. Il n'y en aura pas d'autres. C'est dommage. « Il y a tellement d'enfants en souffrance », soupire la CPE. Elle n'est qu'une souffrance parmi tant d'autres. Je me demande si c'est une invitation à relativiser, ou à m'asseoir et à renoncer. ♦

MARIE DESPLECHIN est écrivaine, autrice de livres pour enfants et adultes. Née à Roubaix, elle a publié ses premières fictions à L'École des loisirs : *Rude samedi pour Angèle*, *Le Sac à dos d'Alphonse*, *Verte*. Son premier recueil de nouvelles, *Trop sensibles*, paraît aux éditions de l'Olivier en 1995. Son premier roman, *Sans moi* (*id.*), sort en 1998. Elle obtient le prix Médicis essai en 2005 avec *La Vie sauve*, cosigné par Lydie Violet. Elle a récemment publié *La Capucine* à l'École des loisirs.

MA PLACE ÉTAIT LÀ

par KATE MOSSE

VERS 1975, lorsque l'occasion de voyager en France avec mon orchestre de jeunes s'est présentée, j'ai sauté dessus. En arrivant à Chartres, nous nous sommes bousculés pour sortir du car inconfortable. Puis nous avons attendu dans un vent glacial, réalisant très vite que le lieu ressemblait finalement beaucoup à la nôtre. Chichester, ma ville natale, est toujours jumelée avec Chartres. Toutes deux sont dotées de majestueuses cathédrales et jouissent d'une florissante tradition de musique locale. On nous a répartis dans de généreuses familles d'accueil. Mon instrument était le violon. J'avais un niveau de français très faible, mais j'étais déterminée.

Nous avons donné notre concert dans l'imposante cathédrale avec, sous nos pieds, incrusté dans le sol de pierre, l'extraordinaire labyrinthe de méditation aux onze circonvolutions concentriques, le « chemin de Jérusalem ». Des années plus tard, celui-ci deviendrait le « mystère qui en cache un plus grand encore » dans mon roman publié en 2005, *Labyrinthe*.

Quinze ans après, tout avait changé. J'étais passée par l'université, j'avais trouvé du travail, rencontré mon mari et j'étais enceinte de notre premier enfant. En novembre 1989, nous avons traversé la France du nord au sud en train de nuit, en dormant comme nous pouvions sur les banquettes en synthétique, avec le fracas des rails et les hurlements de klaxon intermittents. Nous sommes arrivés à la bastide de Carcassonne – la ville moderne, par opposition à la cité historique – juste à temps pour humer l'odeur du pain frais, des viennoiseries en train de cuire. Quittant la gare, nous avons emprunté une rue piétonne qui nous a amenés au marché de la place Carnot, au cœur de la ville. L'endroit semblait noyé sous les fleurs, les olives et les fromages régionaux, les bottes énormes d'ail et de radis rouge vif, les généreuses tomates cœur de bœuf et les poules et lapins attendant, l'air malheureux, de passer de leur cage à la casserole.

Nous avons eu la chance – même si nous n'en avions pas conscience sur le moment – de trouver une table en terrasse chez *Félix*. (Trente ans plus tard, nous en sommes toujours des clients fidèles.) C'était une belle journée d'automne et le soleil était juste assez chaud. Nous avons bu un café et un verre de muscat. Revigorés, nous sommes allés à notre hôtel avant de revenir déjeuner, choisissant le menu du jour parce que ce serait forcément frais et que c'était ce que le chef avait envie de préparer.

Nous avions un rendez-vous plus tard dans la journée, de l'autre côté du fleuve. Je peux encore, si je fais un effort, me remémorer l'excitation que j'ai ressentie dans les moments qui ont précédé celui où j'ai vu la cité de Carcassonne pour la

La ville de Carcassonne, vue du haut de la citadelle. © SVETLANA YURYEVA / EYEEM / GETTY IMAGE

première fois. La certitude qu'à cet instant, alors que je traversais le Pont-Vieux et découvrais ses deux murs d'enceinte et ses cinquante-deux tours et tourelles miroitant dans le crépuscule, quelque chose venait de changer dans la tournure de ma vie. Je n'étais pas encore romancière mais, par mon métier d'éditrice, j'aidais d'autres personnes à écrire et à publier leurs ouvrages.

Qu'ai-je ressenti exactement ? Les gens parlent de « coup de cœur ». Mais c'était plus que cela. Ce fut – et je sais ce que cela a d'étrange à dire – un lien immédiat avec les lieux, une compréhension instantanée de ceux-ci, de la façon dont le passé est présent dans le paysage naturel et les ouvrages de pierre que les Carcassonnais d'autrefois ont laissés derrière eux. Le sentiment que je connaissais cet endroit, que ma place était là, où l'Aude courait entre les arches millénaires du Pont-Vieux, où les Pyrénées lointaines et coiffées de neige se dressaient avec grâce et majesté dans l'air pur, où remparts et tours se dessinaient en silhouette sur le ciel de plus en plus sombre.

Nous étions à Carcassonne pour prendre possession d'une minuscule maison dans le quartier de la Barbacane, collée au rempart. Nous y sommes restés quelques jours seulement, à savourer l'automne encore chaud que le ciel nous avait envoyé. Puis nous sommes rentrés

À CET INSTANT, QUELQUE CHOSE VENAIT DE CHANGER DANS LA TOURNURE DE MA VIE

La cité médiévale domine la ville moderne. © LIONEL LOURDEL / HEMIS.FR

MA FASCINATION POUR LA CULTURE ET L'HISTOIRE DE CE COIN DE FRANCE EXCEPTIONNEL GRANDISSAIT

chez nous retrouver travail, factures et emprunt immobilier, mais aussi accueillir avec bonheur la naissance de notre fille.

Nous sommes revenus au printemps suivant, lorsqu'elle avait tout juste trois mois. C'était le mois de mai et, pendant toute une semaine, il a fait un temps épouvantable, froid et pluvieux. Puis, brusquement, le soleil a fait son apparition et Carcassonne est devenue notre ville. Nous mangions des produits frais. Nous buvions du vin du Languedoc de bonne qualité mais à un prix raisonnable. J'ai développé une affection impérissable pour l'excellente tomme des Pyrénées, avec sa croûte noire caractéristique.

Alors que le temps se réchauffait, nous avons pris l'habitude de sortir à l'aube avec notre bébé et sa poussette pour trouver les cafés qui ouvraient le plus tôt, aux heures les plus fraîches de la journée. Nous nous réfugiions chez nous lorsque la chaleur à l'extérieur devenait trop pénible pour trois Anglais à la peau pâle. Et pendant tout ce temps, ma fascination pour la culture et l'histoire de ce coin de France exceptionnel grandissait.

Après six mois de félicité, nous sommes rentrés en Angleterre. Nous n'en avions pas vraiment envie. Mais nous avions des emplois qui nous attendaient et mon congé maternité avait pris fin. Nous sommes cependant revenus à la première occasion, en hiver cette fois. Nous avons allumé les poêles à mazout anciens et nous nous sommes installés pour faire l'expérience, nouvelle pour nous, du cers, ce vent glacial et cinglant qui descend des montagnes pour apporter la neige dans les plaines.

J'avais lu un court résumé historique de la chute du bastion cathare à Montségur. Nous avons consulté nos cartes routières et décidé de nous rendre sur place. Sortis de Carcassonne, nous sommes passés par les communes de Montréal et de Fanjeaux sur leurs collines, puis devant la bastide de Mirepoix avant de commencer à gravir les premières pentes des montagnes à Lavelanet. Puis, un virage serré à gauche pour nous engager sur des routes bien plus étroites qui nous ont fait traverser le village de Montferrier. Des côtes de plus en plus raides et, enfin, le village de Montségur, avec la montagne du même nom qui se dressait, menaçante, au-dessus ; et au sommet de celle-ci, à peine discernable à travers la neige fondue, la silhouette d'une ruine.

Notre fille avait tout juste neuf mois. Il faisait trop mauvais pour s'engager sur les chemins de montagne glissants avec elle dans les bras. Mais je suis montée seule au château et me suis arrêtée un moment sur les remparts, me demandant ce que cela avait pu faire de savoir que vous alliez bientôt devoir descendre la montagne pour être brûlé vif au nom de votre foi sur un bûcher collectif. Et j'ai senti une présence, presque à côté de moi : une femme vêtue d'une longue cape rouge, qui m'a emplie d'un sentiment mêlé d'espoir et de regret. Je ne le savais pas sur le moment, mais ce fut ma première vision fugitive d'Alaïs, qui, bien des années plus tard, deviendrait le personnage principal de mon roman, *Labyrinthe*.

Les années ont passé. Notre merveilleux fils est né, nous avons déménagé, obtenu promotions et nouveaux postes, notre vie a changé. Je présentais une émission littéraire à la télévision, j'étais devenue écrivaine – deux essais, deux autres romans – et j'avais créé un important prix littéraire, le Women's Prize for Fiction, destiné à célébrer les œuvres écrites par des femmes. Mais Carcassonne était toujours là, à toutes les vacances de Pâques et d'été. Je lisais et faisais des recherches, sentais naître les prémices d'une histoire sur la croisade des Albigeois au XIIIe siècle, dont l'indépendance et la beauté de Carcassonne souffrirent tant. J'ai découvert comment « mon » Alaïs en était venue à faire partie des deux cents cathares assassinés par l'Inquisition en mars 1244 parce qu'ils croyaient en un Dieu juste et généreux qui ne demandait pas que les gens du peuple se tuent à la tâche pour financer le mode de vie luxueux d'un clergé paresseux.

Tout cela a finalement mené à la publication, à partir de 2005, de ma trilogie du Languedoc – *Labyrinthe*, *Sépulcre* et *Citadelles* – et de plusieurs autres œuvres. Chaque roman est, à sa façon, ma déclaration d'amour à Carcassonne.

En 2018 est paru *La Cité de feu*, le premier tome d'une nouvelle série inspirée par l'histoire de Carcassonne pendant les guerres de Religion du XVIe siècle. Une histoire d'amour interdit, façon Roméo et Juliette, transcendant les divisions religieuses. Le deuxième tome, *La Cité des larmes*, emmène la famille Joubert de Puivert et de Carcassonne à Paris puis à Amsterdam et enfin à Chartres, où ma passion pour la France est née.

Et maintenant, nous voici en 2020, et on peut encore me trouver assise à mon bureau dans la petite chambre à l'arrière de ma maison carcassonnaise, avec sa vue sur les remparts et les tours de la cité. Il y a un lien fort et direct entre Alaïs, l'héroïne de *Labyrinthe*, Sandrine dans *Citadelles*, mon roman sur la Seconde Guerre mondiale, et Minou, la convertie au protestantisme au cœur de *La Cité de feu* et de *La Cité des larmes*. Toutes trois sont des femmes indépendantes, luttant dans les circonstances les plus difficiles pour protéger ceux qu'elles aiment et accomplir de grandes choses. Elles sont inspirées à la fois du paysage naturel immémorial du Languedoc et de l'empreinte laissée sur celui-ci par d'innombrables générations d'hommes et de femmes dont la vie, les amours et les chagrins sont visibles dans ses champs et ses collines, ses villages et ses villes, pour quiconque a des yeux.

Traduit de l'anglais par Caroline Nicolas

KATE MOSSE est une romancière britannique. Originaire du Sussex, elle rencontre un large succès en 2005 avec *Labyrinthe* (Lattès), un roman traduit en trente-cinq langues, qui mêle passé et présent entre les murs de Carcassonne, où elle possède une maison depuis trente ans. Elle a dernièrement publié *La Cité de feu* (Sonatine) et fera paraître *La Cité des larmes* (*id.*) en janvier 2021.

LONGJUMEAU, jeudi 23 septembre 2020, 16h02.
...ET C'EST FACILITANT POUR VOUS ET VOTRE FAMILLE.
Ça fait une bonne vingtaine de minutes que le président joue avec deux pièces d'un jeu en plastoc. Une rouge et une verte.
EUH... OUI, EFFECTIVEMENT.
NOTRE DEUXIÈME FILLE EST NÉE IL Y A NEUF MOIS.
HMMM...
Ça se passe pendant le temps d'échange avec des parents autour de la question de l'allongement de la durée du
CONGÉ de PATERNITÉ
UN ACCOUCHEMENT COMPLIQUÉ... PRÉMATURÉ... UN RETOUR, EUH...
DE BEAUCOUP ?
PARDON ?
PRÉMATURÉ DE BEAUCOUP ?
D'UN MOIS.
GA GA
QU'EST-CE QU'IL FABRIQUE AVEC SES LEGOS ?

* PROTECTION MATERNELLE ET INFANTILE

Emmanuel MACRON est accompagné d'Adrien TAQUET (secrétaire d'État chargé de l'Enfance et des Familles) et d'Élisabeth MORENO (ministre déléguée chargée de l'Égalité entre les femmes et les hommes, de la Diversité et de l'Égalité des chances).
LES RÉDACTEURS, SUIVEZ-MOI, ON VA ALLER DIRECTEMENT DANS LA SALLE AVEC LES ENFANTS.
il papote avec les élus locaux et la direction de l'établissement
On nous conduit dans une espèce de garderie où jouent cinq enfants sous le regard de leurs parents (et des animatrices).
VOILÀ, VOUS VOUS METTEZ AU FOND LÀ-BAS.
Peu après, le président et tout le cortège déboulent sous le regard un peu surpris des bambins.
ON DÉBARQUE EN MASSE.
ON VA CASSER L'AMBIANCE, HA HA !
NASA
Emmanuel MACRON tente d'établir la communication.
ÇA VA, JEUNE HOMME, TU T'APPELLES COMMENT ?
ET T'AS QUEL ÂGE ?
?
ÇA, SE SONT DES PERCHES. POUR POUVOIR PRENDRE LE SON... ET COMME ÇA, LES MESSIEURS, ILS T'ENREGISTRENT.
Pas si facile.
TU ME LES DONNES ?
Tente de sourire avec les yeux
!
pièces de jeu en plastoc
VRRRR
lui, il a repris son activité

Une fois que la glace est brisée, le président invite chacun des parents à s'exprimer sur leurs expériences liées à la maternité ou à la paternité.
L'échange dure un petit moment. Le but étant, bien sûr, de souligner à quel point l'accompagnement et la présence du père* sont primordiaux au cours des premières semaines de la vie...
...DU COUP, LA PRÉSENCE DE MON MARI ÉTAIT PLUS QUE NÉCESSAIRE.
OUI.
la directrice de la PMI
une maman
* ou du deuxième parent, dans le cas d'un couple homosexuel
QUAND EST-CE QU'IL VA LÂCHER CES BIDULES ? VOILÀ VINGT MINUTES QU'IL JOUE AVEC.
NASA
L'IDÉE C'ÉTAIT DE POUVOIR VOUS ENTENDRE DE MANIÈRE TRÈS DIRECTE...
MERCI, D'AILLEURS, D'AVOIR ACCEPTÉ DE TÉMOIGNER.
il a réussi à piquer les deux pièces en plastique
Et par rebond d'illustrer les bienfaits de la nouvelle loi que le gouvernement s'apprête à faire passer.
JE SUIS À LA RECHERCHE D'UN EMPLOI, DONC C'ÉTAIT ENCORE PLUS DIFFICILE...
MMM
PEUT-ÊTRE QUE ÇA A UNE SIGNIFICATION MYSTIQUE OU POLITIQUE ? ROUGE POUR LA GAUCHE ET VERT POUR LA DROITE... OU L'INVERSE.
Après l'échange, Emmanuel MACRON fait finalement une déclaration pour la presse devant le bâtiment.
BIEN.
Maison de la Petite enfance
L'OBJECTIF, C'EST EN EFFET L'ANNONCE D'UNE MESURE IMPORTANTE QUI A FAIT L'OBJET DE BEAUCOUP DE TRAVAUX PARLEMENTAIRES ET ACADÉMIQUES ET QUI ÉTAIT L'UNE DES PROPOSITIONS-CLEFS DE LA MISSION DES "MILLE JOURS"* QUE NOUS AVONS LANCÉE...
Adrien TAQUET (c'est SA mesure)
Élisabeth MORENO
OUF! Les journalistes sont rassurés, ils vont avoir un truc à envoyer à leur rédaction...
* la mission des MILLE JOURS est parrainée par Boris CYRULNIK

Parvenu à la fin de son discours, Emmanuel MACRON passe le relais à ses ministres...
...VOILÀ LES QUELQUES MOTS QUE JE VOULAIS DIRE ET JE VOULAIS SALUER AUSSI LA MOBILISATION DES MINISTRES ET LEUR TRAVAIL...
JE VAIS MAINTENANT LES LAISSER COMPLÉTER ET PUIS RÉPONDRE À TOUTES VOS QUESTIONS.
... et s'éloigne de quelques mètres seulement.
OUI, ALORS JE VAIS EN PROFITER POUR COMPLÉTER AVANT DE RÉPONDRE À D'ÉVENTUELLES QUESTIONS...
Adrien TAQUET (c'est son moment)
?
?
Peu à peu, les journalistes se détournent du point presse pour se rapprocher du président. Adrien TAQUET et Élisabeth MORENO se retrouvent quasi seuls face aux caméras.
LE PRÉSIDENT QUI PART AVANT LA FIN EN LAISSANT SES MINISTRES PARLER, TU TROUVES PAS ÇA HUMILIANT ?
bla bla bla
BEN...
journaliste radio
Le moment est venu de rentrer à PARIS. Sur le chemin du retour les commentaires vont bon train.
IL ÉTAIT OBLIGÉ DE FAIRE VITE POUR SON ANNONCE PARCE QU'OLIVIER VÉRAN VA PRÉSENTER LES NOUVELLES MESURES ANTI-COVID TOUT À L'HEURE ET TOUT LE MONDE NE PARLERA PLUS QUE DE ÇA !
AH OK.
journaliste d'une agence de presse
PARIS, le 9 octobre 2020